社長の言

－KOTOBA－

松村洋平
株式会社誠進堂　代表取締役社長

ACHIEVEMENT PUBLISHING

一日一字を記さば、一年に三百六十字を得、
一夜一時を怠らば、百歳の間三万六千時を失う

（1日1文字を得れば、1年で360字を得るが
毎夜1時間怠けると、100歳で3万6千時間を失う）

——吉田松陰

まえがき

この本は、私が毎朝、誠進堂の全メンバーにＬＩＮＥで送っているメッセージを抜粋してまとめたものである。そのＬＩＮＥグループ名が「社長の言 －ＫＯＴＯＢＡ－」というので、本のタイトルにそのまま使うことにした。「社長の言」は２０２２年１月７日から始まったが、私がメッセージを発信するようになったきっかけを話しておきたいと思う。

私は朝礼を非常に大切にしている。でも社員や支店が増えていくにつれ、朝礼でメンバー（誠進堂では社員をメンバーと呼ぶことにしている）と顔を合わせて会話をすることが難しくなって悩んでいた。そこで、自分の想いや今感じていることを発信したら、誰かはキャッチしてくれるのではないかと思ってスタートした。完全に自己満足である。毎朝（たまに朝でないこともあるけれど）言葉を送っているうちに、しばらくすると「社長、あの言葉よかったです」と返信をもらうようになり、私もうれしくなって、気づけば3年も続いている。

第一章の冒頭にも書いているが、誠進堂では「本気の朝礼」をするのがモットーだ。目的は、朝礼のときくらい本気の声を出すためである。子どものときは遊びに、スポーツに、喧嘩に本気になる瞬間がいっぱいあったと思う。ところが大人になると、本気になる機会がほとんどなくなり、むしろブレーキを踏むのが上手になってしまう。私は、それがもっとも成功の障害になると考えている。ひとりで大きな声を出すのは恥ずかしいけれど、仲間と一緒に大きな声を出せば恥ずかしくない。だから、朝礼のときだけでも大きな声を出そうと呼びかけている。

良い朝礼をすると、心が軽くなって、エネルギーに満ちあふれ、「よしやるぞ」という空気になる。参加しているメンバー一人ひとりに活気がみなぎる。当社の行動指針で最重視しているのが活気だ。朝一番から最高の活気をつくって仕事を始めれば、人もお金も成果もプラスのものを引き寄せられる。

私は「想いを残す」生き方をしたいと思っているので、わがままかもしれないけれど、感謝の気持ちと共に、等身大で感じたことをみんなに発信している。メッセージの多くは、20歳から現在までの20年間、いろいろな人や書物から学んだり教えられたりして、強く感動したことを自分なりの言葉にしたものだ。だから、自分の言葉であって、もはや自分の言葉ではないかもしれない。記憶に残った言葉を反芻《はんすう》し、あたかも自分が言ったかのように発信するのは偉そうだが、上からものを言うつもりはまったくない。メンバーたちの仕事や人生を励まし、仲間を支え合う絆になってくれたら最高だ。

ありがたいことに、朝礼の時間に「社長の言」を読み上げている支店もあれば、司会を決めて「社長の言」について「私はこう感じた」とディスカッションをしている支店もある。私としては、自己満足に付き合わせているだけで、もし心に響く人がひとりでもいたらいいいなくらいの一方的なものだったが、今では社員だけでなく他社の経営者の方などもグループに加わっていただいて、想定外の喜びである。

本書は、第一章「営業」、第二章「仲間」、第三章「リーダー」、第四章「感謝・感動」、第五章「遊び心」、第六章「成長・成功」、第七章「仕事・人生」、第八章「言葉・行動」の8部構成になっている。各メッセージは共鳴し合っているので、章立てに沿って順に読んでも、心に引っかかるところから読んでいただいてもかまわない。各章の間にはコラムを挟み、私がいったい何者なのか、自己紹介もかねて、幼年期からのバイオグラフィーを綴った。これらのメッセージが、読んでくださった誰かの、何かアクションを起こすきっかけになれば、たいへんうれしい。

2024年12月吉日
松村洋平

社長の言 ―KOTOBA― 目次

第二章 仲間 53

第三章 リーダー 81

第四章 感謝・感動 111

第五章 遊び心 139

第六章 成長・成功 165

第七章 仕事・人生 197

第八章　言葉・行動　225

第一章

営業

宜しくまず一時より一日より始むべし

（どんな大事を成し遂げようとも、まず小さな一歩から始めよう）

——吉田松陰

001

本気の朝礼

朝礼で組織を創るんです！
朝礼で売上を創るんです！
朝礼が一番大事なんです！
良い朝礼は人、モノ、お金を引き寄せるんです！
昔も今もその気持ちは変わらない。
なぜ、誠進堂は本気の朝礼をするのか？
子どもの頃は本気を出すタイミングがたくさんあった。
鬼ごっこ、50メートル走、喧嘩さえも本気でやった。
本気は、一生懸命。
それが大人になれば体裁ばかり気にして
ブレーキを踏む癖がついてしまう。

それでは本来もっている無限の可能性を
解放することができない！
ブレーキは絶対アカン。
だから、ひとりだったら恥ずかしいかもしれんけど、
朝礼のときくらい仲間たちと共に本気で声を出して
「本気を出す癖」をつけよう、
という意図で始めたのが本気の朝礼。
仲間たちと共に、
「本気」を出す癖を創る！
それが、人に内在する無限の可能性を
解放するきっかけを創るということ！
本当に大切な文化である。
大切にしてほしい。

002

先手の挨拶

挨拶は心。
優先順位の一番。
人の器も余裕の有無も
すべて見えてしまう。

003

第一印象

最初にダメだと思われたら、
その後の印象を巻き返すのは相当大変である。
脳の反応がそうなっているらしい。
逆に最初に印象が良ければ、
良い印象は長く続く。
その後の展開も、
良い印象で相手は受け取ってくれるのである。
第一印象には力がある。

004

うまくいく秘訣

一、よく笑う

二、キビキビ動く

三、よく人を褒める

四、よいイメージを創る

五、目標を宣言する

六、シンプルに簡単に考える

あとは一点集中。自信をもって、強気でやればよい！

005

愛嬌はあいづちから

あいづち上手は人の心を開ける。
あいづち上手は人の心を軽くする。
あいづち上手は人から好かれる。
あいづち上手は空気を明るくする。
あいづち上手から愛嬌は生まれる。
あいづち上手が「シンプルに簡単に」の秘訣である。

006

強気になれる理由

なぜ強気になれるか？
相手のためを本気で考えているからである。
貢献できる自信があるからである。
強気になれない心は、
誠実さの欠如であるように感じる。

007

誰よりも断られる

うまくやろうとすると、
なかなかうまくいかないのが営業である。
本来営業というのは、
非常にシンプルで簡単なもの。
誰よりも断られる肚《はら》を決めれば、
不思議と簡単にうまくいく。
ここをおろそかにして苦戦している者も多い。
コツは、断わられるたびに
「よし、よし！　前進しているぞ」と思うこと。
常に軽快に！　リズムよく！　先手の笑顔で！

008

「まぁいっか」を捨てる

これくらいで「まぁいっか」。これを捨てる。
「まぁいっか」の癖がつくと厄介である。
どれだけ腕のよい職人さんも、
これくらいで「まぁいっか」があると、
100ある力のうち半分の力も発揮できない。
どれだけ実力のあるセールスパーソンも、
身だしなみもこれくらいで「まぁいっか」、

勉強もこれくらいで「まぁいっか」、
練習もこれくらいで「まぁいっか」、
自分との約束に対しても
これくらいで「まぁいっか」の癖がついてしまうと、
成果を創る大きな妨げになる。
「まぁいっか」の反対は「こだわり」である。
あらゆることへの強い「こだわり」が、
己を一流へと押し上げてくれる。
能力に差はない。
習慣で差ができる。

009

嫌なことから逃げない

嫌だと思うことはすぐに取り組む。
嫌なことは修行である。
そう思えばスイッチが入る。
嫌だったことが嫌でなくなれば、
心が成長したと思ってよい。
私は逃げることはしないと、
心に決めている。

010

変わっているくらいでちょうどよい

8割以上の営業パーソンが苦戦している。
約7割の中小企業が赤字経営。
社会に出た8割以上の大人が夢や希望をもてていない。
だから普通じゃあかん。
普通に仕事したらあかん。
意識から、基準から、熱意から、志から、
普通じゃあかん。
ぶっ飛んでいて、
変わっているくらいがちょうどよい。

011

心構えを創る

心構えが結果の85％を占める。
お客様に本題を伝えるときに、
「お客様の心構えを創る」意識をもつ。
お客様の興味を惹くのである。
トークなのか、雰囲気なのか、
目なのか、音なのか、表情なのか。
私はあふれんばかりの感動と興奮によって、
お客様の心構えを創ってきた。

012

逆張りをしよう

人が休んでいるときがチャンス。
人が遊んでいるときがチャンス。
人が気を抜いているときがチャンス。
人が勉強していないときがチャンス。
人があぐらをかいているときがチャンス。

013

言い切る力

営業の仕事をしている人は、
語尾を意識するとよい。
「～です!」「～ます!」
語尾を言い切ると、言葉に力強さが生まれ
納得力（説得力）が増すのである。
「～だと思います」「たぶん～」
これではなかなか伝わらない。
自信をもって勇気を出して、
気持ちよく言い切っていこう。
その言葉を聞いているほうも
すごく気持ちよいから。

014

夢

実績も何もないヤツが
でっかい夢やビジョンを語ると、
強烈な魅力に変わる！
実績と理想にギャップがあればあるほど
大きな魅力に変わるのである。
今がチャンス！

015

感動の提供

自分の誕生日は「感謝の日」と定め、
妻や両親にプレゼントを買って贈っている。
そのときの心の状態は「どんな反応をするんやろう！」
というワクワク感でいっぱいである。
もしかしたらにやにやしているかもしれない。
放つ空気・オーラもきっと陽や快であると思う。
営業とはこの感覚である！

おいしいものをおいしいと言う。
感動した映画を「良かった！」と言う。
誰かを喜ばせたいとか、誰かをびっくりさせたいとか。
そのときの「心の状態」「表情」「放つオーラ」。
一番は自分自身が「ご機嫌さん」なのである。
これが伝わるノンバーバルを創り出す。
営業はたくさん努力して努力して努力して頑張らなアカン。
人の3倍やってちょうどよい。
でもお客様の前では頑張ったもん負けやねん。

016

出会いは奇跡

世界には現在80億人の人がいる。
宝くじが当たる確率は２０００万分の１。
目の前の人と出会う確率は２５００万分の１。
すべての出会いが奇跡。
出会いに感謝。ご縁に感謝。

017

落ち込んでOK

落ち込むということは、自分に期待しているということ。
自分の可能性を信じているということ。
今、たまたま理想の状態ではないから、
落ち込んでしまっているのである。
自分にはできると思っているから、
可能性を知っているから、落ち込んでしまう。
不可能なことに対して、落ち込むことは決してない。
私は空を飛べなくても落ち込まない。
落ち込んだら、自分の可能性に感謝したらよい。
過去は変えられないが、未来は変えられる。

018

勝ち癖

身につけたいのは勝ち癖。負け癖は質が悪い。
では、何をすればよいのか？
弱い自分に打ち勝つために、
自分との約束・目標に挑み続けること。
自分にプレッシャーをかけ挑戦し続けること。
甘え、依存、怠惰を排除すること。
達成感を味わうこと。
大きくなくてもよい。小さくてもよい。達成感を味わうこと。
達成感の連続の先に勝ち癖がある。
どんどん状況が好転する。
そして、自分の存在がまわりに良い影響を与えるようになる。

019

先に笑う力

人と人との関係において、
先に笑ってあげると
相手は親近感を感じ、
心の距離が縮まるらしい。
営業でもそう。
先に笑おう。
お客様は心を開き
受け入れてくれるだろう。

020

伝えるモノより伝わるモノ

頭で理解した情報（モノ）を伝えようとしても、
なかなか伝わらない。
心で強く感じたこと、
感動したこと、
驚いたこと、
興奮したことは、
人に簡単に伝わる。
伝えるモノより伝わるモノを大切にしたい。

021

コミットする

コミットとは挑戦の証である。
後ろの扉を閉めるねん。
弱い自分との訣別!
甘えは人を腐らせてしまう。
挑戦しよう!
挑戦は面白い、自分への信頼。未来を創る。
決断した日から成功が始まる!

022

声のトーン

第一声のトーンを大切にしてほしい。
その人の思考、波長が良くも悪くも出てしまう。
挨拶も、面談も、電話でも。
トーンの入り口が低いと
そのまま話は潜ってしまう。
相手に良い印象を与えにくい。
快活で気持ちよい入口であれば、当然印象もいい。
一日に何回も第一声のチャンスがある。
意識するとしないとでは、
この先の人生に変化が生じる。
第一声を大切にして、好転された状況を引き寄せよう。

023

一歩前へ

今より一歩踏み込む！
勇気をもって一歩踏み込む！
迷わず一歩踏み込む！
迷ったらゴーで踏み込む。
見える景色も結果も変わるから。
いつもよりあと一歩踏み込む。
一歩だけグッと踏み込む。
その一歩で結果は大きく変わる。

024

購買意欲

私が18歳の頃、高校野球人生が終わり大学入学前の話。京都に「梅園」という老舗お団子屋さんがある。そのお店が大丸の地下1階でみたらし団子の実演販売をするということで短期アルバイトのお世話になった。専用の網で団子を焼き、みたらしのたれをつけて湯煎ができる袋に詰める。誰でもできる仕事である。人気のお店で大丸が閉店する前には終売してすでに後片付けをしていた。そのとき梅園の社長が教えてくれたことを今でもよく覚えている。

「行列ができるまでゆっくりゆっくりつくりや。お客さんはお客さんが並ぶのを見てどんどん集まってきはるからな。行列ができたら、お客さんは止まらへんで」

私の耳元でこそっと話す。

「よし！　松村くん完売でいこう！」

まだ焼いていない団子が少し残っているのに社長はそう言う。

「完売だから値打ちがあんねんで。完売の札見たら次にまた食べたくなるやろ」

仕込まれたお団子を詰める年季の入った木箱にもこだわりがあった。

「これに入っているからうまそうに見えるやろ」

社長はそうニコニコ話す。

営業中の空いた時間、みたらしたれの鍋を拭いていると、

「松村くん、たれが垂れてるくらいでちょうどいいわ！　きれいすぎるよりこっちのほうがうまそうやろ」

またまたニコニコして話す。きれいに拭いた鍋にたれをわざわざ垂らす。

とても大事なことを教わったと思う。

025

仕事が好き

仕事が好き！
仕事が大好き！
それが相手に伝わるくらい、
身体全体から、雰囲気から、表情から、
滲み出ていると簡単に結果はついてくる。
営業は勝ちか、アイコ。負けがない。
だから、難しく考えず、思い切ってやればよい。

026

心の筋トレ

心配するなワクワクしろ。
悲観するな楽観しろ。
不安になるな自信をもて。
悩むな行動しろ。
愚痴るな解決策を探せ。
我慢するな主張しろ。
恨むな忘れろ。
哀しい顔するな笑え。
ごちゃごちゃ考えるな筋トレしろ。

（誠進堂メンバー、當山雄基の言葉）

Column

中1で受けたいじめ体験
人生最初にして最大の挫折

39年生きてきた、私のこれまでの人生をざっと振り返ってみよう。

私は、両親と5つ上の姉の4人家族の長男として育った。実家はおじいちゃんの代から誠進堂という製本業を営み、父親は2代目として家業を継いでいた。おじいちゃんは寡黙な人で、わりと早く亡くなったので、会話をした記憶があまりない。おばあちゃんは天真爛漫な大らかな性格でパワフルな人だった。誰からも好かれ、盆正月に何十人も家に集まる人気者だった。

私が覚えているのは幼稚園ぐらいからで、本当にジャイアンみたいな性格だった自分を記憶している。幼稚園で毎日飲む牛乳瓶の蓋が、その幼稚園ではお金のように扱われ、すべて年貢みたいに私のところに〝上納〟されていた。みんなに〝洋平様〟と呼ばれ、喧嘩もよくした。母親にはしょっちゅう叱られていたが、自分が王様だと勘違いしていた。

小学校に入り、2年生になる前に野球を始めた。将来はプロ野球選手になりたかった。暇さえあれば野球をやり、近所のガレージの壁にボールを投げる壁当てをしていた。おばあちゃんから「洋平ちゃん、誠進堂を頼むで」とよく言われたが、自分はプロ野球選手になるものだと思い込んでいた。

幼稚園の頃からのジャイアン気質は変わらず、先生をすぐにけなしたり、友達のあらさがしをしてからかったりしていた。自分には友達はたくさんいると思っていたけれど、今考えると、性格の悪いイヤな小学生だったと思う。

そのせいか、中学校に入ると〝反・松村洋平派〟が現れ、みんなから一斉に無視されて友達がいなくなってしまった。これが私にとって人生最初の挫折、心が折れる経験だった。友達とはいえ、私の言うことを聞くメンバーばかりだったので、そうした〝子分〟が一気にいなくなり、わがまま放題に生きてきた〝おれの世界〟がポンとなくなってしまった感覚だった。大げさではなく何度も自殺を考えた。

それでも絶対に負けたくないという気持ちがあって、普通に学校には通っていたが、あるとき母親の顔を見たとたん、涙があふれだした。そして「学校休もうかな」ともらした。驚く母親に、自分がされた仕打ちを初めて打ち明けた。「いつも友達だらけの洋平が」と、母親は一緒に泣いてくれた。両親が愛情を注いでくれたおかげで、自分のネガティブな状況を隠さずちゃんと言えたことが大きかった。

プロ野球選手になる夢をあきらめたのも、中学1年生のときだった。当時の写真を見ても、いっさい笑っていない自分がいる。入学当初は5～6人で通学していたのに、ひとりぼっちになった。中学校まで30分ほどの通学路にある工場の鉄扉に、私の悪口が書かれているのも目にした。とにかく苦しかった。

また、反抗期も迎えていて、1年間、父親と口をきかなかった。しかし、中学2年になると、父親がボウリングに誘ってくれるようになった。友達がいなくなった私を心配してくれたのだ。ボウリング場に通った1カ月間のおかげで父親と普通に話ができるようになった。

ちょうどその時期、反松村派の主犯が、聞こえよがしに私の悪口を言う現場に遭遇した。私の中で何かがプツンと切れ、その男子と殴り合いの喧嘩になった。そのとき初めて、みんなの前で臆面もなく涙を流した。悔し泣きだった。取り巻いていた周囲の生徒たちがざわざわしだした。「洋平って泣くんや」「ええやつかもしれん」とみんなの自分を見る目が変わり、その日を境に無視されることはなくなった。

以来、卒業するまで、ほかの生徒から腫れ物にさわるように扱われ、奇妙な感じだったが、この人生最初にして最大の挫折は、その後の私の生き方に大きな影響を与えた。

第二章 仲間

至誠にして動かざるものは、
未だこれ有らざるなり
（精一杯の誠意をもって相手に接すれば、
心を動かされない人はいない）
——吉田松陰

027

仲間に感謝

目に見えないところで、
気づいていないところで、
たくさんの人に支えられている。
それに気づくか気づかないか、
天と地ほどの差がある。

028

叱ってくれる人は宝

愛の反対は無関心である。
自分を厳しく叱ってくれる人は、
愛の塊である。
私のことを本気で想い、
私の成長を本気で考え、
私の成功を心から願い、
本当は言いたくないことを、
愛情をもって本気で伝えている。
叱ってくれる人は宝である。

029

鏡

相手のことを味方と思えば、
相手も自分のことを味方であると思ってくれる。
敵視したり苦手だと思ったりしてしまうと、
相手もこちらのことを同様に思ってしまう。
相手は自分の鏡である。
仲間の存在をどう思うか？
お客様をどう思うか？
縁ある人をどう思うか？
すべての主導権は自分にあると気づけるとよい。

030

承認

人はいくつになっても褒められたいもの。
それがどれだけ力になり、
勇気になるか。自信になるか。
前へ進む希望になるか。
けれど、人は人を褒めることが下手くそだったりする。
批判したりけなしたりすることは簡単にできるのに。
そこで、大切なこと。
まず自分を褒めて、自分を認める癖をつけて
縁ある人を心から承認できる人になろう。

031

環境は宝物

どれだけ優秀で魅力的でも、
脳に「できない」「難しい」と思い込ませ続けて
潰れていった人を何人も知っている。
脳の力って本当にすごい。

まわりには仲間がいる。
前向きで挑戦している仲間が近くにいる。
そんな仲間たちと一緒にいるだけで

自分も「できる!」と思えてくる。
「可能性は無限大やで!」って、
「自分はできる! やってやる!」って、
そう思わせてくれる環境は宝物。

人の能力に差はなく習慣に差がある。
どれだけ仲間の力を借りて、
環境の力を使って、
脳にプラスのインプットをするか。
その先に成功がある。

032

気づき

20歳のとき
「洋平、おまえが話している内容が相手にどう伝わり、
相手がどう感じているか考えたことがあるか」と聞かれた。
おそらく私が相手のことを考えずに、
自分の表現したいことばかり話していたからだと思う。
当時はそんなことを深く考えたこともなかったから、
衝撃の気づきだった。
ダイヤモンドはダイヤモンドでしか磨けない。
人は人で磨かれる。
誰にも、今日の何気ない会話の中に
人生を変える「気づき」があるかもしれない。

033

人の力を借りる

「人の力を借りる」のは、
成功において必要不可欠な能力である。
ここでいう「人の力を借りる」とは依存することではない。
「人の力を自分の力に変えて」
物事を前に進めるということである。
それともうひとつ、
「自分自身を成長させるため」に
人に力を借りるのである。
人は人によって波長を上げてもらえる。
人は人で磨かれる。

034

心を開く

心を開いているか？
心を閉ざしているか？
心を開けば世界が変わる。
すごい勢いで成長を体感するのに、
自分の可能性が解放されるのに、
相手には心を開いてほしいと望んでいるのに、
なぜか自分は閉ざしてしまう。
それが成長のブレーキになっている。
自分はもっと先手で心を開ける男になりたい。

035

敵をつくらない

敵をつくったらあかん。
敵をつくれば
決まって足を引っ張られる。
企業もそう。
敵をつくったらあかん。
応援されなあかん。
応援される仕事、生き方をしよう。

036

少しの違い

人の陰口は絶対に言わない。人を信じられなくなってしまうから。
自分が陰口を言うのと同じように、
当然、自分も人に陰口や批判を
言われているんじゃないかと考えるようになる。
つまらない思い込みである。
人の良いところを探す天才になろう。
人はみんな不完全だけれど、
たくさんの魅力をもっている。
そう考えられれば、自分にもたくさん良いところがあることに気づく。
人と自分を「信じる力」から魅力が生まれる。
陰口を言う、言わないは少しの違いでも、大きな違いになる。

037

想いを込める

人に、
仕事に、
モノに、
想いを込める。
その在り方が、
その人に魅力を纏《まと》わせ、
多くの人を魅了し、
たくさんの支持を集める。

038

環境を創る者

自分は誰かに、良い影響を与えられただろうか？
我々全員がその環境を創る者である。

039

巻き込み力

巻き込み力が強い人は、
たくさん巻き込まれ、
たくさん魅了され、
たくさん感動してきた。
己の心を全開して、
素直な心で思いっきり巻き込まれたらよい。
巻き込み力は、巻き込まれ力。
巻き込み力の前に、巻き込まれ力が大事。
人からたくさん影響を受けて、感動して、奮い立って、
よしやるぞと本気になって、その量が、その繰り返しが、
私は人と比べて圧倒的に多かった自負がある。

040

場所への礼節

野球選手はグラウンドに入る前に脱帽して一礼する。
グローブやバット、ヘルメットなどの
道具をまたぎ越すことは決してしない。
私は事務所・各支店に入るときには、
心の中で「お願いします」「いつもありがとう」と言う。
手帳や鞄や財布、ペンやノートをまたぐことは絶対しない。
我々は日本一の会社をみんなと共に創るにあたって
各県その土地に受け入れられ、愛されなアカン。
心の在り方が本当に大事。毎日「感謝」の心をもって支店に入る。
「目に見えないものを大切にして、目に見えるものを創る」
誠進堂の伝統の言葉である。

041

楽しむ

人はみな弱い生き物。
それで良い。
だから前へ前へ突き進む。
つらいこと、悩み、苦しみ、
しんどくて、悔しくて、超えられへんと思うような壁が
目の前に立ち現れることもある。
だから仲間がいて、
仲間と共に思いっきり楽しみたいと思う。
苦しい過去が最高の思い出になるから。

042

井の中の蛙《かわず》

井の中の蛙になったらアカン。
もっと広い視野をもって、
もっと高い視座をもって、
もっと学ぶ意欲をもって。

過去の自分で勝負しようとしてたらアカン。
それは完全に奢《おご》りや傲慢な心の表れである。

常に新しい自分との出会いにワクワクして、
謙虚さと素直な心で、命を燃やし自己研鑽に生きる。

043

井戸の井

「井戸の井」も重要である。
成功は井戸の「井」を埋めること。
9つのマスの自分が真ん中で、
そのまわりの8つのマスを埋める。
その8つのマスには、
時に意見が合わず衝突も多いけれど、
深く承認し合える信頼と絆でつながった仲間がいる。
だから、その8つのマスに負けないように、
多くの井戸の井の中の1マスに入る価値ある存在になれるように、
自己研鑽し、常に良い意味で尖った存在でありたいと思う。

044

インサイドアウト

自分
　↓家族・大切な人
　　↓仲間
　　　↓お客様
　　　　↓社会
　　　　　↓日本

自分をないがしろにして家族を満たすことはできない。
自分をないがしろにして仲間を助けることができない。
自分をないがしろにしてお客様に貢献などできない。
自分をないがしろにして社会に影響を与えることなどできない。
すべての中核は「自分」。

自分のことを心から満たす。
それが一番大事である。
自分を心から満たすために不断の努力をすればよい。
インサイドアウト。
自分が心から満たされていたら、
自然と家族を幸せにできる。
自分も家族も満たされていたら、
仲間に手を差し伸べる心が生まれる。
自分も家族も仲間も満たされている人は、
お客様に自然と感動と満足を提供している。
そんな集団は気づけば地域社会に必要とされ、
たくさんの貢献と良い影響力が生まれる。
すべての中核は「自分」である。

045

約束

約束には2種類ある。
ひとつは自分との約束、
もうひとつは人との約束である。
自分との約束を守る生き方をすれば
「自信」が育つ。
人との約束、自分との約束、
両方を守る生き方をすれば
「人徳」が上がる。
徳と才、感謝と素直を土台に
生涯自己研鑽に生きる決断は、
とうの昔に終わっている。

046

未来の自分で生きる

過去の自分で勝負しない。現在《いま》の自分で今を勝負しない。
未来の自分で今を勝負する。
すでにそうあるかのように現在《いま》を生きる。
思考が先で、結果はあとから追いついてくる。
過去に縛られず、今に惑わされず、
理想の未来の自分になりきって
現在《いま》を生きよう。少し宙に浮いた感じでちょうどよい。
これがわかるかわからないかで
理想の自分への到達スピードが大きく変わるから。

Column

見栄を張った大学時代
借金を抱えて二度目の挫折

プロ野球選手をあきらめ、私は大きな夢を失った。

父親は製本業の将来を憂えて、「洋平には好きなことさせたらええんや」とよく家族に言っていた。また、父親は中卒だったので「わしみたいになれへんように、おまえはせめて勉強はしとけよ」と励ましてくれた。学歴のことだけでなく「おまえ、1円稼ぐってどんだけ大変かわかるか。うちは自営業でボーナスなんかもないんや。よそさんは勤めているからええかもしれへんけど、金のないのは重々わかっとけよ」と、実社会の厳しい現実についても話してくれた。

子ども心にも「とにかく勉強しなければ」と危機感が芽生え、中学2年から親に頭を下げて進学塾に通わせてもらった。中学の2年間はくるったように勉強した。

プロ野球選手はあきらめたが、クラブチームには入っていたので野球は続けていた。担任の先生から高校受験に向けて「おまえの成績なら学費半額免除で進学できる可能性がある」と、勉強しながら野球もできる特進クラスに入ることをすすめられた。推薦がとれることも励みになり、いっそう勉強に力が入った。

中1でいじめられ、〝頭をハンマーでガツンと殴られた〟おかげで、高校に進学してからの人間関係は良好だった。高校1年生のときに初めて彼女もできた。その頃から、ようやく人の気持ちを考えられるようになったのは大きかったと思う。そのときの経験が今のビジネスにも生きている。ただトラウマも残った。自分の本音や正直な思いを伝えると、相手を嫌な気持ちにさせてしまうのではないかと、どこか遠慮するようになった。

高校は勉強だけでなく、野球にも熱中した。プロ野球選手にはなれなくても甲子園を目指すくらい頑張ろうと部活と自主練に励んだ。野球も勉強も一生懸命しっかりやって、指定校推薦で大学に行くと目標を決めて努力した。就寝は毎日、午前1〜2時だった。

そして関西大学経済学部に入った。家族は入学をわがことのように喜んでくれたが、キャンパスライフにこれといった思い出はない。大学に入ることがゴールのようになっていたからだろう。

真面目に過ごした高校時代の反動か、私はパチスロに夢中になった、夢中のレベルがひどすぎたと今では思っている。そのせいで4年付き合った初めての彼女とも別れた。

あてのない将来の夢ばかり語り、「就職なんかばからしい」と就活もろくにしなかった。それなのに見栄を張って、たいした稼ぎもないくせに、周囲の友人らに食事をおごったりして、羽振りの良いふりをなんとか装っていた。

おまけにパチスロにもはまっているから、カードのクレジット額がみるみるうちに増え、ついに400万円弱の借金をつくってしまった。あのときは苦しかった。これが、人生二度目の挫折である。

時間稼ぎのつもりで、親に頼み込んで1年休学した。復学して単位を取得しようとしたものの、集中力が続かず、2単位ほど取り損ね、そこで半年また留年することになった。結局、5年半かけて大学を卒業したのである。通常の春卒業ではなく秋卒業で、ひとり卒業証書を取りに行った。

5年半の間、けっこう濃い経験をした。お金がないのでホストクラブのボーイ、レストラン、ハンバーグ店など、いろいろなアルバイトをした。

そこで20歳のとき、心底かっこいいと憧れる大人に出会った。京都を中心に飲食店を何店舗も手がける有限会社「起福《きふく》」の伊藤秀薫《いとうひでのぶ》社長である。「おれもこんな人になりたい」と輝いて見えた。伊藤社長との出会いが私の人生を大きく変えることになった。

第三章

リーダー

みだりに人の師となるべからず
みだりに人を師とすべからず

（本当に教えなくてはならないことがあって初めて
師となれるし、自分の心構えや目標が定まって
それに応えてくれる師を求めなくてはならない）

——吉田松陰

047

結束力

リーダーが挑戦を見せれば見せるほど、
リーダーが失敗を見せれば見せるほど、
チームは育つ！

048

本気の価値

リーダーの本気が仲間の本気を創る！
勘違いしてはいけない。
メンバーを本気にさせようとするのではない。
自分自身が本気になり燃えるのである。
自分自身がほどほど、そこそこの熱量で、
簡単に仲間を巻き込めることはない。
そこに信念からくる本気の情熱があるかどうか。
その本気がメンバーの心に火を灯し本気にさせる。
そして、目に見えない莫大なエネルギーが創られ、
シンプルで簡単に、
そして爆発的に状況が好転するようになるのである。

049

天然の活気

活気には「人工的活気」と「天然の活気」の2種類ある。
どちらの活気も元気を感じるが、人工的活気には義務感がある。
天然の活気には躍動感とパワーが満ちあふれている。
天然の活気ある朝礼は「朝礼前」で決まる。
朝礼前の時間、どのような気の流れと波動があるか。
個に籠るものが多いと良い気は流れない。
不機嫌な者がいると波動が下がる。
笑顔・笑い声が多いと気の流れが良くなる。
前向きで積極的な姿勢は気の流れを良くする。
ご機嫌な者が多いと波動が上がる。
感謝の心と向上心の塊が己の命を燃やす。魂を震わせるのである。

050

真のリーダー

自分を低くする者は高くされ、
自分を高くする者は低くされる。
感謝を土台に、謙虚さと、素直な心、
自信と誇りに満ち満ちた、
迷いと余計な遠慮のない、力強い存在。
リーダーは、お客様を喜ばせるように、
仲間を喜ばせる存在である。
徳と才をもち、天然の活気を創れる者が、
真のリーダーとなる。

051

ハイパフォーマンスの4要素

一、集中力！
二、強気！
三、緊張感！
四、楽しむ！
この4つのバランスが非常に大事である。

052

リーダーの強さ

リーダーは、
一、チームの誰よりも仲間愛が強いこと。
一、チームの誰よりも仕事愛が強いこと。
一、チームの誰よりも会社愛が強いこと。
一、そしてチームの誰よりもお客様愛が強いこと。
そして、チームの誰よりも
自分と仲間と会社の未来にワクワクしていること。

053

無意識の質

耳にする言葉と口にする言葉、
そして目にする文章の質で人生が変わる。
我々の脳は一日何万回も無意識に思考している。
それがポジなのかネガなのか？
この無意識領域を支配し、
無意識の思考の質を上げることが
非常に重要である。そのためにも
耳にする言葉と口にする言葉、目にする文章を
「意識する」とよい。

054

可能思考

可能思考で生きたい。

どうやったらできるか！　どうやったら成し遂げられるか！

その考え方の癖が身についている人を見るとワクワクする。

そのような人は良いところ探しの天才である。

不可能思考やったらまったく面白くない。できない理由探しが上手。

もしかしたら現代に生きていると、無意識にできない理由探しをする癖がつきやすいのかもしれない。要注意である。

可能思考が面白い。

ひとりじゃないんやから、仲間がおるんやから、
と可能思考をもってみんなで挑戦し続けたいものである。

055

リーダーの指導

「考え方教育」と「技術指導」、
このふたつがリーダーの指導である。
土台が考え方教育である。
それは、企業理念と行動指針、成功者マインド、
感謝力、素直、目に見えない力である。
そして、プロとしての、
圧倒的達成力を身につけるために
必要な技術指導により、成長→成功が加速される。
リーダーの指導には何十万円、何百万円以上の価値がある。
その自覚をもって、
学ぶ側にも礼儀と高い心構えが必要である。

056

朝礼は仲間のために

どのような心構えで朝礼を行っているか。
朝礼は仲間のためにある。
自分の在り方や発信で、仲間の誰かひとりでも
プラスの影響を受け取ってもらいたい！　その想いで取り組むのである。
自分が創る朝礼で仲間の誰かひとりでもプラスの影響を！
本気じゃないと仲間に失礼。中途半端では何も伝わらない。
毎日毎日、高い心構えと緊張感をもって、楽しむ心をもって、
頭ではなく心で感じていることをアウトプットするのである。
言葉だけでなく、目から、空気から、身体のすべてから
熱意と活気を伝える。そして、その継続の先に、
自分の影響力が拡張していることを体感してほしい。

057

解釈力

リーダーは
ふたつの解釈力を大切にする必要がある。
ひとつめは、自分自身の解釈力。
ふたつめは、チームの解釈力。
解釈力が高いチームには「感謝」があふれている。
「感謝」の対になるものは「当たり前」である。
解釈力が低いチームは不平不満、愚痴がはびこる。
あるモノに気づかず、
足らないところにばかり目が向いてしまう。
完全はない。

不完全の中に魅力がある。
不完全の中に強さがある。
不完全の中に誇りがある。

解釈力が育つと
己の可能性を信じられるようになる。
本来もつ魅力、強さを発揮するようになる。
可能性に蓋をしていたのは自分であることに気づく。
いっさいの雑念を捨て人生に本気になる。

解釈力が育つと、
どれだけ多くの人が
自分自身の可能性に気づき
未来を好転させるだろうか。

058

気迫

リーダーは何が何でも目標を達成させるという気迫が必要である。
リーダーは何が何でもメンバーを勝たせるという気迫が必要である。
リーダーは何が何でもメンバーを成長させるという気迫が必要である。
その気迫がチームを強くする。
うまくやろうとするな！
キレイにやろうとするな！
小さく縮こまるな！
小手先なんか通用しない！
思いっきり先頭に立って体当たりして、
傷だらけになる覚悟があるか！
その覚悟によって、なんとも言えない気迫を纏《まと》うのである。

059

リーダーの挨拶

成長が止まる人は、
実力がつく前に、偉くなってしまう。
偉そうになってしまうのである。
後輩・部下から挨拶されるのを待っているようではアカン。
自分から先手で挨拶する心、
その心の余裕が必要である。

060

リーダーのもつべき影響力

一、活気を創る！
二、基準を創る！
三、チーム愛、会社愛を創る！
リーダーたる者、その仕事を一番楽しんでいる。

190

口癖

リーダーは、自分自身の口癖に高い意識をもつことと、
チームメイトの口癖に高い意識を向け、
思考の質に敏感である必要がある。
良い口癖が良い思考を創り、天然の活気を創る。
良い口癖が良い思考を創り、良い波動を創る。
良い口癖が良い思考を創り、良い行動を創る。
良い口癖が良い思考を創り、良い結果を創る。
良い口癖が成功を創る。

062

器を広げる

私はリーダーとして、
器の大きい人間になりたい。
人間の成長とは器の拡張であると思う。
あらゆることを受け止める度量であり、
人の違いを認める心であり、
人の可能性を信じ切る信念である。
少々のことでは動じない。不動心。
生涯修行の人生ととらえ、
器の拡張に努め、
仲間を成功に導く真のリーダーとなる。

063

リーダーのポテンシャル

リーダーの意識がチームの基準を創る。
リーダーの視座がチームの可能性を広げる。
リーダーの志がチームの士気を創る。
リーダーの本気がチームの活気である。

064

リーダーの心得

一番大切なことは、一番大切なことを、一番大切にする。
チーム創りで一番大切なことは、活気創りである。
チーム創りは活気創りである。
リーダーは毎朝、真剣に問うてほしい。
メンバー全員が、活気を創ることに本気になれているか？
行動指針の最上位に
「活気」が位置している意味を深く理解しているか？
活気はすべてを好転させる。
成功の連鎖を創る根源は、活気にあると確信している。

065

太陽

仲間の太陽でありたい。
可能性を開放させられるように。
自分らしく躍動できるように。
自分の魅力に気づけるように。
だから、自分が源で、
自分が一番ご機嫌で、
自分が一番可能性にワクワクしている。
仲間と生きる、
そんな自分でありたいと思う。

066

誠進堂で働くということ

人生をかけた仲間の決断に対して
失礼にならないように、
最高の環境を、最高の会社を、
仲間と共につくることが礼儀であり、
使命であると考えている。
そんな想いに強く共感した
リーダーが増えてほしい。

067

攻めろ

攻めろ！　踏み込め！　逃げるな！
攻めろ！　踏み込め！　迷うな！
誠進堂は最強の仲間、最強の個性が集まる集団である。
日本一の活気を創ろう！
日本一情熱的であろう！
日本一楽しんでいこう！
必要なのは、日本一の集中力、日本一の自信。
ボーッとするな。一気に行くで！

068

社員満足度日本一

会社が日本一たる「良い環境」「優しい環境」
「働きやすい環境」を与えてくれるのではない。
「日本一の会社」を
全員の強い想いと不断の努力により創り上げるのである。
我々全員の日々の努力と挑戦、
苦難、葛藤、突破の連続によって
そのビジョンが形になる。
そしてみんなで達成と感動を分かち合うときが来る。
みんなが「社員満足度日本一！」と

胸を張れる未来を創るために、
まだ見ぬ多くの後輩たちが
「最高の会社や！」「最高の環境や！」
「夢が見つかった！」「夢が叶った！」
「家族が喜んでいる」の連続を創るために
「受け身」ではなく「創る」意識をもって、
果敢に共に挑戦し共に創り続ける。
社員満足度日本一！
顧客満足度日本一！
業界シェア日本一！
日本を元気にする存在でありたい!!
それが、我々のビジョンである。

Column

理想の大人との出会い
アルバイトで知った「理念の力」

社会に出る直前の大学生の私にとって、大人になるのはとてもつまらないことに映っていた。通学電車の中で目にする大人たちはボーッとして覇気がなく、目が死んでいて、いやいや会社に向かうように見えた。そんな大人たちと、起福の伊藤社長はまったく違っていた。こうあってほしいと思う大人に私は初めて出会ったのである。

初出勤日に「きみが松村くんか」とがっちり力強く握手してくれた伊藤社長に、私は将来、自分の飲食店を持ちたいという、まだ夢かどうかあやふやな気持ちを話した。伊藤社長は「面白いな。そういうやつはなかなかおらへん。店を出すときには、おれが厨房関連の機器を安く仕入れられるところをなんぼでも手配したるから。何でも教えたるぞ」と励ましてくれた。まだ世間知らずの若造の話をきちんと真剣に聞いてくれたことがうれしかった。

伊藤社長の飲食店で働くようになって、大きな衝撃を受けた。それまでアルバイトをいくつもしてきたが、私も周囲の人も「早く時間が過ぎればいい」という感じで働いていたが、その店では店長から料理長はもちろん、アルバイトのスタッフまで全員がお店やお客様のことを本気で考えて働いていたからである。伊藤社長はよく「理念の力」を語っていた。

「理念というのは、おれらの一番高いところにある。みんながそれを見て、それにならって仕事をするんだ。起福の理念は感謝だ。感謝されると徳が上がんねん。徳が上がると運が上がるんや。だから、運がよくならなあかん」

社員一同、お客様に心から感謝する。お客様から感謝される存在を目指す、というのだ。

4カ月ほど過ぎた頃、会社の忘年会があった。100人を超えるアルバイト・社員が参加したが、私は伊藤社長の横に3時間ずっと座り、貴重な話を聞かせてもらった。そのときに聞いたことが本当に今も生きている。

「20歳ぐらいのとき、おれは人生何をやってもうまくいかずドン底やった。やんちゃでアホなことばっかりしていた。そんなときある人から『おまえには感謝が足りひん。このままでは人生終わるぞ』って言われてん。なぜかその言葉が胸に刺さって、ほんまにそうかもしれへんと思った。それで本気で感謝を学ぶ修行に出たんや」

京都から修行の旅に出た伊藤社長は「家なし、給料なし、長時間労働」というルールを定め、「給料いらんので働かせてください」と飛び込んだが、「今どき気持ち悪い」「何か裏があんねん」と、どこへ行っても断られた。やっと「おまえ、おもろい」と言ってくれる大将に出会うことができた。

伊藤社長は無我夢中で働いた。もちろん給料なし。食事はお客さんが残した唐揚げなどを食べた。一生懸命頑張るうちにお客様にもかわいがられ、メインスタッフとして働けるようになった。はじめは公園で寝ていたが、大将が「野宿されたら困る」と家を用意してくれた。

「壁と屋根があるところに寝られて、ほんまどれだけありがたかったか。お客様からカーテンをもらったときはカーテンのありがたさを知った。使ってへんテレビがあるからと、テレビをくれはったときはほんまにうれしかった。一番は羽毛布団をもらったときや。涙が出るぐらいうれしかった」

伊藤社長の感謝の修行は1年半続いた。そして、京都に起福の第1号店「とりくら」をオープンした。その店で私はアルバイトをしていた。

伊藤社長の話はまだ続いた。初めてのお客様から5000円の会計をいただいたとき手が震えたという。その5000円札を思わずお客様に返してしまった。驚いたお客様とお札を渡す、返すのやりとりを繰り返し、ようやくお金を受け取った伊藤社長は、お客様が見えなくなるまで頭を下げた。

「でもそのあと、おれ追いかけた」

感謝の心があふれ、伊藤社長を走らせたのである。

私は言葉もなく、ただただ感動するばかりだった。誠進堂が「感謝の心」を大切にする原点は、ここにある。

第四章 感謝・感動

一誠、兆人を感ぜしむ

（命を賭けて貫く誠は、限りなく多くの人々を感動させる）

――吉田松陰

069

お陰様

我々は誰もがいろんな人に支えられて生きている。
ひとりでは生きていけない。
あらゆることに感謝して、今日も魂を燃やす。
お陰様で最高の一日になりました。

070

幸せを感じる

1日1回以上、誰かを喜ばせる。
そして、誰かが喜んでいる姿を見たときに
深く自分を承認する。
そうすると、気づけば自分の心が育っている。
そして自分が幸せを感じる瞬間が
どんどん増えるようになる。
心はいっさい乱れない。
ネガティブな感情とは縁を切る。
自分のど真ん中に強い芯が通る。
身近な人を喜ばせてみよう。
人生が好転するから。

071

魂の修行

今起こるすべての出来事は、
私にとって必要な修行である。
そう思えば、すべてに感謝できる。
ありがたい。
私は知っている。
もっとも重要なことは、
己を磨き、心を鍛えることであると。

072

ポジショニング

先日、名刺交換させていただいた方から、毛筆で書かれたお手紙をいただいた。

心のこもった文章にありがたいと感謝したと同時に「やられた！」、先を越されたと思った。

損得勘定を感じないその贈り物によって、そこから伝わってくるその人の在り方によって、私はその人を特別な領域に置くのである。

久しぶりに体感した大切な学びである。

073

優しさ

優しい人は、強い人。
いろんな経験をしている。
苦しい、悔しい、悲しい、つらい、
たくさん涙を流してきた。
だから、「わかるよ」って
心から承認できるんやと思う。

074

謙虚

愛・感謝・信じる心。
奢りが出たら、
自分が偉いと少しでも思ったら、
衰退が始まる。
感謝を土台に素直で謙虚に生きなあかん。

075

お賽銭《さいせん》

有限会社「起福」の伊藤社長に聞かれた。
「初詣行くよな。何て願いするんや」
「努力できる男になりますように、
世界が平和になりますように、とお願いします」と、私は言った。
すると、伊藤社長は「みんなそういうこと言うねん」。
ちょっと良いことを言ったつもりの自分は、その言葉にびっくりした。
「なんでおまえが神社に行ってお願いできるかわかるか。
おまえが幸せやからやぞ。幸せやからお願いなんかできるねん。
おまえが幸せなんはご先祖様が守ってくれているからやぞ。
ほんで、ご先祖様は神様に守られてるねん。

だから、おまえは幸せやねん。
その神様に年に一回、自分の都合で神社に行って
小銭投げてお願いしているようではあかん。
お願いではなく感謝しに行くねん。お賽銭は1万円。
おれはずっとそうしてきてる。神様への挨拶だから」
その話を聞いて、20歳の私は衝撃を受けた。
それから現在まで伊藤社長の教えを実践し続けている。
これからも。お賽銭は1万円。
「いつもありがとうございます」と、感謝の想いだけを伝える。
感謝し感謝される男になりたい。
そして運を運ぶ。
20歳のときに描いた理想の自分。
感謝力のある男になりたいと思う。

076

愛される存在に

愛される人になろう。
だから先手で愛そう。
何事も自分から。
そうすれば何事もうまくいく。

077

感動と興奮

感動。
「理動」という言葉はなく、
理屈で人の心は動かない。
「感動」という言葉が存在するように、
人は感じて動く。
感動によって人は心が揺さぶられるのである。
興奮。
興奮は感動のエネルギーを倍増させる。
感動と興奮が合わさったとき、
強烈に人の心を魅了する。

078

本音

それは、自分の心からの声なのか。
誰かに気をつかったり、
誰かの目を気にしたりしても、
何の価値も生まない。
感謝と思いやりの心で自分に素直に生きればよい。
活力が湧いてくる。

本音に生きる。

その生き方に何とも言えない魅力と求心力が高まる。

079

人みな師

私は、傲慢で偉そうな人が苦手である。
気を抜くと自分はそういう人間になりかねないと思う。
だから、感謝と素直な心を、
これでもかというほど刻まなければならない。
謙虚で誇り高く、リスペクトの心をもった人に対峙すると、
心底頭が下がる。
何かのご縁で会ったすべての人から
学びを得られるだけの器をもった人になりたいと思う。
起こる出来事すべてにつながりと意味がある。
すべてに感謝である。

080

ありがとう

自分に対して、
自分の身体に、
手に、足に、
すべてにありがとうを伝え、
手を当てながらねぎらう。
そうすると、
自分の身体が素敵な反応をしてくれるらしい。

180

子犬

子犬が尻尾を振って無邪気に近づいてくる。
すると人はその子犬に心を許す。
子犬は人間に対して「損得・駆け引きいっさいなし」に
ただひたすら「興味をもって」近づいてきたのである。
その子犬の「無邪気な」姿に人は心を開く。
自己啓発の第一人者デール・カーネギーの『人を動かす』に記されている。
その一節を読んだとき、私は衝撃を受けた。
ここに「愛嬌」のヒントがある。「愛嬌」は状況を一変させる力がある。
愛嬌は可愛さ。愛嬌があれば万事うまくいく。
目の前の人に興味をもち、素直な心で尻尾を振ればよい。
相手も心を開いてくれる。

082

ご機嫌

良い波動はご機嫌から。
良い波動は人に良い影響を与える。人に勇気とパワーを与える。
波動＝機嫌。不機嫌は人のエネルギーを奪う。
感謝を土台に生きよう。
脳と表情筋は連動している。笑顔を忘れずに。
自分で自分の機嫌をとるコツは、人を喜ばせることである。
人が喜んでいるのを見ると、心が満たされ、自分自身がご機嫌になれる。
自分の機嫌は自分でとり、ご機嫌な自分になって
人に良い影響を与えたいものである。
ご機嫌さんの人と触れ合うと心が満たされる。
元気になり、勇気も湧いてくる。強く前に進む活力をもらえる。

083

恩返し

すべてに感謝。
感謝をカタチにしたい。
恩返しをする。
そう生きると決めている。
後悔したから。
祖父母孝行ができなかった。
恩返ししたかった。
だから、己の命を燃やし後悔しないように生きる。
恩を受けた人がたくさんいる。
恩返しに生きる。

084

感動

「きっとこうだろう」
という相手がもつ予想を上回ることで
感動が生まれる。
何事も普通では心が反応しない。
ひと味もふた味も何か違う、
遊び心をもって魅力的に。

085

リスペクト

自分が尊敬する人をもち、
その人のことを語り続ける。
すると、気づけば自分も
尊敬される人になっているだろう。

086

成果

成果＝スキル×行動量×考え方。
スキルは「努力」であり、
行動量は「熱意」であり、
考え方は「感動と興奮」である。

087

調子のバロメーター

人の良いところばかり目につくときは調子が良い。
感謝の心で、そのまま成功の道を突き進めばよい。
人のネガティブなところばかり気になるときは、
一度立ち止まって、深呼吸。
ゆっくりと自分に向き合う。
そして自分を一番大切にするとよい。
幸せの中心核は「自分」なのだから。

088

好きな本、救われた本

20歳までまともに本など読まへん人生だった。
アニメは観ていたけれど
漫画も読まなかった。
20歳からはビジネス書はけっこう読むようになった。
デール・カーネギーの『人を動かす』は好きな本である。
心に残っているフレーズもある。
心がしんどいときに救われたのが

『嫌われる勇気』。気持ちが楽になった。

電車の中で涙が止まらへんくなったのは『鏡の法則』だ。

衝撃を受けたのは稲盛和夫さんの『生き方』。

本の中で「現世は魂の修行である」と書かれていたので、

亡くなったときには、

魂の修行を終えられたのだなと思った。

最初はよくわからなかったけれど、

強くインスパイアされて

私も「現世は魂の修行」だと思って生きている。

Column

トップセールスが独立する日「お客様と社員を大切にする会社をつくりたい」

社会に出たときは借金がある身だったので、どこに就職したいという希望もなく、リフォームの営業の世界に縁があって勤めることになった。それが現在の仕事につながっている。

何事にもすぐ夢中になるタチなので、営業の仕事にも夢中になり、初年度営業新人賞を獲得した。2年目には300人ほどいた社員の中で売上全国5位、3年目には売上2位となり、年間成約率1位にまでのぼりつめた。27歳のときには借金を全額返済し、京都支店の支店長になっていた。

年間売上高が100億円規模の会社だったが、年に100人ほど社員が辞めていくようなところだった。上司は「社員は駒や。馬車馬《ばしゃうま》のように動かして売上をつくれ」と指示し、働く社員たちも会社が好きではなく、今はこれしかすることがないからつなぎとして働いている感じだった。そんなふうだから、毎月のリフォーム工事の着工件数よりも、クレーム件数のほうが多いありさまだった。その会社でトップセールスだった私は、20歳そこそこの頃から『成功哲学』などの自己啓発書を読んでいたので、必死に「私のすることは絶対にお客様に喜んでもらえる」と自分を洗脳するように営業していた。しかし、問題のある施工でお客様が泣く姿を目の当たりにして、ここで働くことは限界だと感じた。

そんなとき、売上高5億円を目指す小さな同業他社から「お客様と社員を大切にする会社をつくりたいから、うちに来てくれないか」と声がかかった。結果的にはその会社も半年で退社することになる。幹部社員として迎え入れられた私は、希望に燃えて幹部会議に出席したが、会社の言っていることとやっていることがまったく違うことにすぐに気づいた。若さゆえか、その矛盾をストレートに指摘したり、問題点に意見する私のことが煙たくなったのだろう、「もう辞めてくれ」と懇願された。体《てい》のよいクビである。

そして、これだけの想いや考えがあるのなら、それらを生かして、いちから自分で会社を興そうとスタートしたのが誠進堂である。前々職の会社でずっと部下だった松田翠《みどり》と共に創業した。クビになった私に「一緒に10億円くらい借金しますよ」と言ってくれた彼女の献身的な二人三脚のサポートがなければ、何より私を信じてついてきてくれなければ、誠進堂はここまで成長できなかったと思う。本当に感謝している。

私は特に取り柄のない人間だが、なぜか人と出会う運には恵まれている。松田は、ガッツと根性と行動力があり、何より一番素直だった。努力を努力と思わず、かつての会社でトップセールスになったのも当然のことだった。その松田と独立したのだから心強かった。当時は師弟関係だったが、今では最強のパートナーである。

半年ほど経つと、有能なメンバーが次々に集まった。現在、社員100人規模にまで成長したが、所帯が大きくなっても創業メンバーが幹部として会社を牽引してくれるので、なんとも頼もしいかぎりである。

メンバーや仲間が増えるにつれ、私たちの客観的評価からは思いもよらないほどの優れた社員も入社するようになった。そんなとき、みんなには「自分たちの魅力が上がれば、優れた人間も引き寄せる。そういう人たちの上に立てるような人間力をつけなあかん」と言っている。今後も、ものすごいキャリア、スキル、能力をもった人が来て、私たちを脅かすような存在になるのではないかと期待すら抱くほどだ。それくらい、ちょっと癖のある、独特なパワーのある人ばかりが集まっている。

振り返れば、20～24歳は人生のターニングポイントだった。借金もよかったと思っている。大学も留年し、同期の友達がみな有名企業に就職して「あいつも落ちたな」と影で言われ、置いていかれた気分になった。借金で苦しんだおかげで、「ええかっこうしいはしょうもない」と、自分にメッキを貼ることのばかばかしさに気づけた。いい意味で自分の中のブレーキが外れ、迷いがなくなった。

第五章

遊び心

諸君、狂いたまえ

（一度きり、二度ない人生、狂うほどに何かに没頭し楽しもう）

――吉田松陰

089

狂気

狂うほど夢中になって、集中して、
成し遂げられないモノはない。

090

大笑い

大きな声で笑おう！
魅力が開放される。心が軽くなる。人に元気を与える。
大笑いすると全細胞にスイッチが入り、
脳が「快」の状態になる。
そして何事も簡単にうまくいくようになる。
うまくいったから、面白いから、笑うというのはやめよう。
笑っているから、大笑いしているから、
何事もうまくいくのである。
自然とすべてが好転して面白い人生になる。

091

遊び心

遊び心をもった人は魅力的である。
私もそんな人になりたい。
本物の遊び心をもった人は、
信念をもちこだわり続けた結果、
自信と余裕が生まれなんとも言えない魅力を纏《まと》う。
真面目そうに見えて、
不真面目な人をたくさん見てきた。
一見ふざけていそうだが、
いっさいブレない強い信念に生きている人を見ると、
本物の遊び心は「成功に真面目」であると強く感じる。

092

なんとかなる

アカンとき
何も深く考えずパーッと、
気楽にやればよい。
なんとかなるから。
良いときはアクセルを踏む！
とことん一生懸命、
夢中にやればよい！

093

プラスの思考習慣

プラス思考は成功の大前提。
マイナス思考は失敗の大前提。
プラスの思考習慣を定着させるための努力が、
最初にすべき努力である。
まず口癖から変えていこう。

094

感情は心に刺さる

情報を伝えるのではない。
感情を伝える。
情報は刺さらない。
感情は心に刺さる。
情報の上に感情をのせる。
伝えた情報と共に想いを伝えるから心に響くのである。
喜怒哀楽おおいにけっこう！
パワーの源である。
感情（心）は大きく動かせばよい。
そのぶんだけエネルギーは大きくなる。

095

希少価値

時代は変わった。
楽しむことに価値が生まれる。
楽しい環境に価値が生まれる。
現状の日本全体を見ても、
楽しんで仕事をしている人が圧倒的少数。
成功も少数。
本気の中に楽しさがある。
本気の中にある楽しさに大きな価値が生まれる。

096

やるべきことを好きになる

自分の理想通り100%ピッタリの仕事を求めても、そんな仕事に出会えることはまずないだろう。人生何回繰り返しても、まったく時間が足りないと思う。必要なことは、今、何かの縁で自分に与えられた仕事をとことん追求し、研究し、楽しむ努力。素直になる心が大切であると考える。仕事を愛したときから人生は好転する。

097

笑顔のパワー

ある休みの日の出来事。
私はちょっとしたことで少し不機嫌になり、
ひとり喫茶店でコーヒーを飲んでいた。
店内には南米系と思われる4人の家族連れの観光客がいた。
しばらくして1歳くらいの子が
無邪気な笑顔で私を見ていることに気がついた。
私が目を反らすとその子は真顔に戻る。
私がその子の顔を見ると、ニコーッと笑顔。
また眼を離すと真顔。また顔を見るとニコーッと笑顔。

そんなことを数分繰り返しているうちに、
私の嫌な気持ちは完全に吹っ飛んでいた。
その子がアンパンマンの靴を履いていることに目が留まった。
外国でもアンパンマンは人気あるんだと思いながら店を出て少し歩くと、
たまたまアンパンマンのゴムボールのガチャガチャがあった。
私はアンパンマンが当たるまでガチャガチャをして店に戻り、
笑顔をくれた子にそのボールを渡した。
外国人家族はびっくりしたけれど、すごく喜んでくれた。
私もうれしい気持ちになった。
笑顔にはパワーがある。
子どもだけではない。我々大人の笑顔にもパワーがある。

098

無難

本気であれば何でも楽しい！
無難はアカン。面白くない。
難ある人生がありがたい。
苦難、逆境の裏側に楽しさ、喜びがある。
中途半端では愚痴が出る。
本気の者が見えている世界と、
決断なき者が見ている世界は違う。
自分が源。
すべては自分のコントロール領域内に存在する。

099

夢を語る

夢を語る大人が増えると日本は元気になる！
ワクワクしている大人が増えると日本が元気になる！
かっこいい大人が増えると日本は元気になる！
何をイメージできるか？
視座を上げるには高い視座に触れること。
高い視座に触れると波長が反応する。
視座と波長が上がると可能領域が拡張する。
強くイメージし続けたことは、
遅れてしっかりカタチになる。

100

車の運転にて

混んでいる道路で車線を変更したいとき、どうしている？
ウインカーを出して車の頭をグッと入れにかかると、
まず道を譲ってもらえない。
力の矢印を強引に相手に向けると相手も力んでしまうからだ。
ウインカーを出して、ただ車間が空くのを待っていると
決まって道を譲ってくれる。
「譲ってくれなくても私は大丈夫ですよ。急いでいませんから」
そんな余裕のある感じ。
力まず余裕をもつと、そうした人間心理がまわりに伝わる。
これは、仕事はもちろんプライベートにおいても大切なことだと思う。

101

良い習慣

良い習慣の上に生きているのであれば、
仕事はもとより何事も自然体で楽しんだらよい。
それで万事うまくいく。
良い習慣の上を歩いていないのであれば、
自然に身を任せると楽に流される。
人生が前進しなくなる。
良い習慣の上に生きて、自然の流れに身を任せる。
そして楽しむ。
心躍らせている者は強いよ。

IO2

逆が良い

力んでいると吸収しない。弾き返してしまう。
ネガティブだと吸収しない。弾き返してしまう。
良く思われたいと思っていない。
感謝されたいとも思っていない。
感謝できる人でありたいと思う。
愛が深い人でありたいと思う。

IO3

音とリズム

歩くとは振動とリズムである。
のそのそと歩くと波長が下がる。
波長が下がると、
その波長にあったモノが引き寄せられる。
そして、なぜか苦戦してしまう。
躍動感をもって力強く歩くと波長が上がる。
波長が上がると、
その高い波長に合ったモノが引き寄せられる。
そして万事がうまくいく。
運が良いなぁと感じるのである。
声も音とリズム。笑顔はそれを後押しする。

104

普通からの脱却

私は「普通」とか「常識」とか
「一般的に」という言葉は好きではない。
「普通」「常識」「一般的に」というのは、
正解・不正解ではなく
多数派の見方、考え方に過ぎない。
むしろそんな感覚が成功の障害になってしまう。
日本に生きる大多数の人が
不平不満を抱えているにもかかわらず、
発展的挑戦への努力が欠如している。
戦時中の常識は現在の常識として通用しない。

未来に形成されるであろう常識も、
今日の常識とは異なるであろう。
現在、日本人の多くは仕事に苦戦している。
普通や常識に囚われていると、
苦戦の領域にハマってしまう。
我々の仕事もきっちりそれに当てはまる。
常識に囚われずに強く前へ進む。
まず我々がその領域をぶち抜かなあかん。
そして、プラスの輪を拡げる。
それが日本一になる目的のひとつである。
縮こまらずにブレーキを外して、
思いっきり躍動しよう。
共に未来を創ろう！

105

笑いとイメージ

成功には成功するための原因がある。
良く笑うこと。イメージを創ること。
このふたつを大切にすると良い。それなしに成功はないから。
イメージ＝思考は現実化する。
ポジもネガもどちらもきっちり思考は現実化する。
笑いながらネガティブなイメージは創れない。
イライラしながらポジティブなイメージも創れない。
どうせ現実化するなら、ポジティブなイメージにしよう。
よく笑って。良い言葉を使って。
ご機嫌さんで、そして目を閉じ、毎日良いイメージを創り
成功に向かって歩いていこう。

106

一日一生

今日という日は、この時間は、
誰かが本気で生きたかった一日。
誰かが本気で求めた時間。
その1時間が、その1分が、
1秒でも無駄にできひんと思って生きている人がいる。
その人が放つオーラ、気迫、本気を
真正面から受け止められるだけの覚悟で生きているか？
時間は勝手に過ぎていく。
ボーッとするな。今を本気で生きるぞ！
今、今、今の連続の先に輝かしい未来が待っている。

Column

バトルの絶えない結婚生活
妻の望みに気づくまで

私にとって、結婚生活は人生最大の難関だったかもしれない。結婚したのは24歳。離婚の危機は幾度もあった。当たり前のことで恥ずかしいが、独身のときは自分の時間とお金を自由に使えていたのに、一緒になったとたん、そのすべてを制限されたことがとてつもなく苦しかった。私にいたらないところがありすぎて、妻にはよく怒られ、喧嘩もした。夫婦生活、結婚生活はこんなにしんどいものかとあきらめそうになった。なぜ、妻は私を認めてくれないのか、家庭では自分の価値がないように感じていた。

妻はそれまでお付き合いをしてきた女性とはタイプがまったく違う人だった。今までお付き合いをした人には、おそらく私のわがままがまかり通っていたのだと思う。そのわがままがいっさい通用せず、強制ギブスにガチガチにはめ込まれたように感じた。帯状疱疹にもなった。でも妻に鍛えられたおかげで、松村洋平の〝悪い汁〟をすべて雑巾を絞るようにギューッと絞り出してもらったような感覚がある。

妻は複雑な家庭環境に育ち、中学生のときから新聞配達をするなど、少女時代も独身時代もあらゆる面でつらく厳しく、苦労が多かった。そんな話を聞き、しかも借金を抱えた男と結婚してくれたのだから、私のするべきことは家にたくさんお金を入れることだ、と勝手に決めつけていたのがよくなかった。それで「おれは働いているんや、会社を経営しているんや」と理由をつけては、家のことを二の次三の次にしていたのが妻にはひどく腹立たしかったのだと思う。

ある日、仕事を終えて家に帰ると、玄関先に私の荷物がすべて出されている。玄関を開けようとしても開かない。ミニドライバーを買って、鍵を根元から外し、ようやく家の中に入ったこともあった（笑）。

そんなことを繰り返しているうちに、妻は家族というものに理想のイメージがあって、私の言動がその理想から大きくズレているのではないか、と気づいた。とりわけ家庭環境に恵まれなかったので、夫はこんなふうで、子どもはこんな感じで、休日にはみんなでこんなことをして……と思い描く像があるのかもしれない。そんなふうに思ってから、妻が何を求めているのか、本気で考えるようになった。

今は毎週水曜日を「家族の日」と決め、妻と子どもと過ごす時間を最優先にしている。子どもたちが学校から帰ってきたら、家族でショッピングに出かけ、夕飯は外食する。外食せずに、家でバーベキューを楽しむこともある。それと年に3回は妻の大好きな家族旅行に出かける。

また、毎日のように飲んでいたお酒も今ではほとんど飲まなくなり、健康にも気をつけるようになった。

妻や子どものことを会社と同等に大切に考えるようになったきっかけは、アチーブメントの研修だった。青木社長からビジネス、プライベート両面で多大な示唆をいただき、心から感謝している。今では本当に離婚しなくてよかったと心底思っている。

子どもは男ばかり4人。かわいいアホタレ息子ばかりである。私たち男ども5人をしっかりとまとめてくれているのが妻である。家族と本気で向き合うようになって、ビジネスにも活かせる大切な気づきがあった。ノンバーバルな言葉の重要性だ。

たとえば、子どもを4人抱えた日々の生活の苦労を知りながらも、「おれは仕事やし、しかたないやんけ」「おまえ頼むで」という感じが、言葉にしなくても妻には態度で伝わるのだ。会社でも同じことを社長が社員にしたら、いくら口でよいことを言っていても伝わり方が変わってしまう。そのことがわかり、あらためて社員への感謝が深まり、私が生かされているのは妻と子どもがいるおかげだ、と日々感謝している。

第六章 成長・成功

志を立てて以て万事の源と為す

（すべての実践は志を立てることから始まる）

――吉田松陰

107

何のために

目的に出会えば人生が変わる。
何のために、どうなりたいのか？
どのような人生を生きたいのか？
自分は大切な人や仲間から、
どのように覚えられたいのか？
時間がかかっても
「何のために」を見つけてほしい。
一生の宝物になる。

108

挑戦

挑戦の先には挫折がある。
それを乗り越えたときに成長がある。
その遥か先に成功がある。
継続は力なり。継続は信頼なり。
誰にでもできることを
誰にもできないくらい徹底してやる。
これが成功の秘訣だと知ったとき、
心が躍った。
成功は自分次第である。

109

結果には原因がある

良いも悪いも結果には原因がある。

良い結果を引き寄せる在り方

一、感謝の心

二、素直な心

三、黄金律に徹する

良い結果を引き寄せる行動

一、朝起き

二、よく笑う
三、キビキビ動く
四、整理整頓
五、清潔感
六、人を褒める
七、よく勉強する

これで勝手に良い流れが目の前にやってくる。
運と呼んでもいいかもしれない。
あとはその流れに乗ればいいだけ。

110

反復

反復。

繰り返しにより
良いも悪いも確実に定着する。
人生を好転させるために
何を定着し卓越させるか？
単発的ではなく
永続的な成功にしか興味はない。

III

自信をつけたいなら

私は昔、自信がなかった。何をやっても弱かった。
今は違う。今ではわかる。
自信をつけたいなら、
人がしていないことを徹底的に継続してやること。
迷ったらゴーすること。身なりを整えること。
声を大きくすること。よく笑うこと。
この5つができている自分を見たら
「よしっ」と自分を認める。その積み重ね。
自信がついてからが勝負。
自信がある者が人一倍努力すると、
とんでもないことになる。

112

おれはできる

暗示の力を使う。
できると思えばできる。
できないと思えばできない。
実はそんなもん。ここに差がある。
自信のなかった20歳頃の私は、
毎朝鏡に向かって「おれはできる」と21回唱え続けた。
アファメーション。
自分自身に暗示をかけ続けた。
3週間継続すると恥ずかしさがとれ、思考が軽くなる。

3カ月経つと力がみなぎった。
半年経つと自分の思考状況を客観的に見られるようになる。
1年経つと「セルフイメージ（自分らしさ）」の変化を感じる。
3年経つと「自信」が定着する。
「自信」があるのもないのも単なる思い込み。そんなもの。
そう思い込んでいるだけ。できると思えばできる。
はじめはそう思えなかった。それでも続ける。
そう思えるまでやり続ける。できると思えばできる。
そして、この力の凄まじさを体感するときが来る。
自分という存在は唯一無二で最高に魅力的である。
きっとうまくいく！
できないことは何もない！

113

心の置きどころ

創る側か、所属する側か、
積極的なのか、消極的なのか、
可能思考か、不可能思考か、
その人そのものは変わらない。
心の置き方で天地ほど未来は変わる。

114

期日を切る

人間は弱いから、先延ばしをしたり、自己正当化したり、上手な言い訳をして逃げてしまいそうになる。そして、描く理想の未来に依存する。きっと良くなっていくだろうと。しかし、どれだけ待っても理想の未来がこちらに歩み寄ってくれることはない。

目標を定め、期日を切る。

マラソンのように42・195キロメートルは走れへんけど、50メートルなら全力疾走できる。毎度50メートル先まで全力で走って、ゴールするたび「よしっ！」「よしっ！」と、その繰り返し。そうすれば、短期間でみるみる成長する自分に出会うから。

115

成功脳にする

はじめから成功している人は誰ひとりとしていない。

まずは「成功脳」にすることから始まる。

脳には単純かつ強烈な影響力がある。脳を騙し強烈なパワーを得るということ。前日寝る前から良いイメージをもち、出社前の朝の時間に心構えを創る。職場環境が前向きかつ向上心あふれる環境であれば、思考（イメージ）はブレにくい。

日々の思考創りの積み重ねにより「成功脳」が定着し、思考管理と行動管理の質が上がり、実績も上がる。

成功脳を定着しようとしている最中の休日の過ごし方は、特に気をつける必要がある。仕事をしているときに創り上げた成功脳の感覚（成功する前から成功者としての思考になっている）が、今までの自分（成功前の自分）と、何ら変わらない休日の過ごし方をしてしまうことで、せっかく創り上げてきた「成功脳」の感覚が一気にさめてしまうのである。

これは非常にもったいない。一段登って一段下がっている状態である。

休日の過ごし方のオススメは心が高揚したり、感動したりするモノ、場所、シーンに触れるようにするとよい。勉強の時間や自分と向き合う時間を確保するのもよい。「未来記憶」を鮮明に彩るように。

休日の過ごし方で、未来に大きな差が出るのは容易にイメージできる。

「成功脳」を定着させよう。

成功は己の思考の中にある。

116

一点集中

一点集中の力は凄まじい。
軟らかい水で硬い鉄を切ることもできる。
雑念は思考を分散させ集中力を鈍らせる。
決断とは決めて断つこと。
捨てること、手放すこと。
雑念を捨てるのである。
この道で成功することを決断したのであれば、
水で鉄を切るかの如く一点集中、
思い切ってやればよい。
成功してしまうから。

117

恥をかく

恥をかくことを恐れない。
恥を恐れて守りに入ると成長しない。
成功に自信がないと、
目の前の体裁を取り繕うことばかりを気にしてしまう。
消極的な姿勢からは何も生まれない。
積極的に恥をかけばよい。
トライ&エラーの数が多ければ多いほど成長する。
自分の成功を約束した瞬間から、
すべてのことに意味が生まれる。
それは成長において必要不可欠な要素になる。

118

無限の可能性

誰にでも無限の可能性がある。
必ず良くなる。
目の前の景色がどんどん変わる。
成功に必要な力はすでに内在している。
成功に必要なフィールドはすでにつかんでいる。
一番難しいところは突破した。
成功の妨げになるのは不可能思考。
その勘違いを排除するだけでよい。

他人が自分の可能性に蓋をすることはない。
ブレーキを踏んでいるのはいつも自分。
何を恐れる必要がある？
失敗はない。
すべて経験。
ひとりではない。
いつも仲間がいる。
すべての出来事が必要な己の血肉になる。
ワクワクしよう！
夢中になろう！
己の魅力と可能性を解放しよう！

119

成功は物真似から

尊敬する存在をもつと人生の好転が加速する。
何を真似るか？
その人は何を習慣にしているのか？
その人は何を意識しているのか？
その人はどのような心構えを創っているか？
その人は何をどれくらい実践しているか？
その人の表情、ふるまい、あいづちは？
観察し実践していると、
最短ルートが見えてくる。

120

目標は今の自分を変える

目標は未来の自分を変えるためにもつのではなく、今の自分を変えるためのものである。

目標達成に情熱を注ぎ執着してほしい。

その結果として目標が叶っても叶わなくてもよい。

目標を掲げ、情熱を注ぎ、努力して、努力して、執着した時点で、今の自分は変わっているから。

今の自分が変われば未来が変わる。

今の自分が変われば未来が好転する。

目標は今の自分を変えるためにもてばよい。

121

木を見て森を見る

木とは現在。
森とは未来。
木と森の両方を見ながら生きんとあかん。
木しか見ていないと、現状に一喜一憂してしまう。
現状を○か×かで判断してしまう。
森を見据えて木を生きていると、
起こる出来事すべてが
失敗ではなく必要な経験に変わる。
壮大な森を見たらよい。
すべてに意味があるから。

122

1・01の法則

1年365日、現状を維持していれば、
1年後、1の356乗で「1」のままである。
毎日、プラス0・01の成長（学び・挑戦）があれば、
1年後には1・01の365乗で「37・8倍」の成長になる。
毎日、マイナス0・01怠けると、
1年後は0・99の365乗で0・03、ほぼ「0」になる。
毎日の0・01の成長にこだわるか？
手を抜くのか？
成功は義務である。

123

失敗

昨日よりちょっと良くなったら成功。
毎日ちょっと成功する。
今までの自分より良くなったら成功。
その心が成功を呼び寄せる。
成功とは少しずつ続くもの。
唯一、失敗があるとするなら、行動しないこと。
人と競争しない。人と比べない。
比べると失敗を恐れ行動しなくなるから。
行動しないこと。
それが最大の失敗である。

124

思い込み

自信があるのも思い込み。自信がないのも思い込み。
思い込みは95％の無意識領域による脳への入力と出力から生まれる。
意識領域は5％のみ。我々が意識して行動していることは5％しかない。
特に何を話すか？　何を聞くか？　何を考えるか？　それが非常に大きい。
良いことを考え、良い言葉を聞き、
良いことを話すとポジティブな脳になる。この習慣を創る。
悪いことを考え、悪い言葉を聞き、
悪いことを話すとネガティブな脳になる。これをいっさい排除する。
できているかどうか身近な人にチェックしてもらうとよい。
そして勉強すること、良い書物に触れること、良い師匠をもつこと。
気づけばプラスの思い込みによって、ブレない自信が育っているのである。

125

書けば叶う

20歳の頃から夢リストを書いていた。
100個。
全然夢が出てこなかったが、何とか搾《しぼ》り出して書いた。
今でもよく覚えている。
初めての夢リスト1行目は「借金を返す」であった。
そして、ほしいものをたくさん書いた。
なりたい自分の姿を書いた。
実現するイメージがまったく湧かなかったが書いた。
ほぼ毎年更新してきた。
「書けば叶う」を信じてやってきた。

成功している人はやっていると聞いたから、すがる思いでやった。
人がやっていないようなことは徹底的にやってきた。
継続して19年。
今となっては確信している。
書けば叶う。願ったことは叶う。
言ったこと、言い続けたことが叶うようになっている。
目に見えない何かが毎日毎日蓄積されている感覚がある。
書いて、書いて、言葉にして、
言い続けて、言い続けて、脳に定着させる。
そして執着して執着して、努力して努力して。
夢中になり、執着から解放されたとき、
夢は叶っているのである。

126

会社の成長

会社の成長とは、我々一人ひとりの成長の結晶である。
成果を追うのではなく、成長を追ってほしい。
人からの承認を追うのではなく、自身からの承認を追ってほしい。
土を耕し、種を蒔く、しっかり育てて、花咲き実る。
結果には原因がある。
プロセスに焦点を当てれば、必ず結果はあとからついてくる。

127

蓋をとる

「可能性が無限大」な環境にいるだけで成功の80%は決まっている。
それが、誠進堂である。
自分のブレーキになっている可能性の蓋はとってしまえばよい。
可能性に蓋をしているのは決まって「思い込み」である。
「できる」と思うのも、「できない」と思うのも思い込み。
脳にどちらのメッセージを送り続けるかで大きく変わる。
東大に行く人も、ロケットを創る人も、勉強ができなかった人も
生まれた瞬間は脳にまったく差はないらしい。
どんな思い込みを刷り込んできたかで大きく変わる。
脳へのメッセージを大切にしてほしい。フィールドは整った。
自分の可能性を信じてワクワクしよう！　可能性の蓋をとろう。

Column

「継続は信頼」社員に対する感謝のカタチ

社員一人ひとりの給料明細を入れた袋に筆ペンでメッセージを書いている。全社員にメッセージを書き終えると、筆ペン1本がなくなる。空になった筆ペンは全部ためて残してある。最初は封筒の裏に「感謝」とだけ書いていた。ボーナスのときには「いつもありがとう」、年上の人には「いつもありがとうございます」と。

今はその人の名前を見て、降ってきた言葉を書いている。メッセージがすぐに思いつかない社員もいる。そうすると、「最近（その人と）ちゃんと向き合えてへんかったな」と反省する。すらすら書けるメンバーが多いときは、いい仕事をしている。苦戦するときはダメと、自分自身と向き合う時間になり、私の経営者としての在り方のバロメーターになっている。

調子がよければ、メッセージを書くのは半日から一日で終わる。筆ペンのメッセージは、私が現役を引退するまで続けようと決めている。社員が300人になっても1000人になってもやろうと思っている。ゆくゆくは、それだけが私の仕事になるかもしれない（笑）。

これは自己満足だし、想いだけ届いてポイとみんな捨ててくれたらええわと思って、社員5人くらいの頃から始めたのである。みんな明細袋をとってあるというが、いまだに封筒の裏に書くのは私のちょっとしたこだわりだ。

「いつでも捨ててくれてええんやで」と。

全社員に毎月お米2キロを贈るようになったのは、経営者が集う勉強会でお会いした社長の話がきっかけだった。飲食店を経営する有名な方で、「社員にお米を贈ったらめちゃ喜んでくれた」とおっしゃるので、いいと思ったことはすぐ真似するタイプだから、私の会社でもすぐに始めた。自炊しないメンバーは実家に届けた。お父さん、お母さんはびっくりして「ええ会社や」

と喜んでくれたそうだ。「継続は力」「継続は信頼」というのが私の信条なので、これからも続けていきたいと考えている。

2024年からは「ラブ休暇」を新たにスタートした。彼女、彼氏、配偶者、家族など大切な人の誕生日に有給と関係なく、年1回休める制度である。年1回といえば、全員参加の社員旅行も楽しみである。2024年は和歌山に行ったが、売上目標を達成したので、2025年の行き先は沖縄に決まった。

日々の社員とのコミュニケーションは、フラットであることを心がけている。たとえば、日報に気になることが書いてあると、一緒に食事に行って話を聞く。私は言葉にこだわりがあるので、メンバーが書いた単語と単語のつながりから背景の心情が想像でき、毎日見ているとメンバーの変化がだいたいわかる。そうやってアンテナを働かせながら社員と向き合い、何かあったら、いつでも社員が気軽に連絡できる兄貴的存在でありたいと思う。また、毎月第1月曜日は各支店、各チームの会議をして、そのあと食事会をするのがならわしだ。

人生の大半の時間を仕事に費やしているのだから、「仕事が最高や」と思ったら、「人生最高や」と思えるのではないか。社員たちはいろいろな会社の選択肢がある中で、人生をかける大きな決断をして誠進堂という船に乗り込んでくる。そのメンバーたちが「人生最高や」と思える職場に何が何でもしたい。そのためには、仕事をするときは思い切りやって成果をあげ、セットで遊び心がほしいと思う。それが、プロのメリハリではないだろうか。

自分の殻にこもるのではなく、何によって自分が満たされるかをきちんと考えることが大切だ。そして自分が満たされたら、自分のまわりの大切な家族、子どもたち、ご両親にまで目を向けてほしいし、さらには、ご先祖様や自分が生まれてきたルーツにまで思いをはせられる人になってほしい。

もっと視座を上げれば、メンバーはまだ気づいていないかもしれないけれど、「みんなは世の中に影響を与える存在になれる可能性があるんだよ」といったことを、私は毎日ＬＩＮＥで「社長の言」として発信しているつもりである。

第七章

仕事｜人生

道は即ち高し、美し、約なり、近なり

（人の歩むべき道は、気高く、美しく、そして簡単で、身近なものである）

――吉田松陰

128

１００歳の自分

目の前に１００歳の自分がいます。
何を質問しますか？
１００歳の自分は何と言っていますか？

129

選択の連続

人生は選択の連続であり、
その選択にはプラスの選択とマイナスの選択がある。
プラスの選択が多いと人生は良くなり、
マイナスの選択が多いと人生に迷う。
プラスの選択は、自己承認がセットで付いてくる。
だから、挑戦や葛藤、大変と思うことが続いても
心は何とも穏やかに満たされている。
すべて自分が知っている。

130

自分の上司は自分

自分で自分を定めた目標まで導く力。ここに大きな価値がある。
セルフコントロール能力を高めると、
あらゆることのコントロール領域が拡張する。
そして成功の道を強く突き進むようになる。
セルフコントロール能力が低いと、怠惰、楽、誘惑に流され、
本来注力すべきことに情熱も時間も使えなくなる。当然結果が出ない。
自分で自分を管理できない者は、
一生誰かに管理される人生を送ることになる。
誰かに指示されたわけではない。自分との約束。
それを確実にひとつずつ守ればよい。自分の上司は自分。
我々は、セルフコントロール能力が高い真のリーダー集団である。

131

その瞬間

ちょっと、嫌だな、
面倒くさいなって思った瞬間が大事。
それを嫌がらずにやる。
迷わずにすぐにやる。
仕事はその繰り返しこそチャンスである。
そういう姿勢は
必ず誰かがしっかり見ているから。

132

最善のタイミング

気づきはいつもその人にとって、
最善のタイミングで訪れる。
挑戦している人、前進している人にふと訪れる。
その気づきは見た目にはとても悪い。
そして、苦悩や葛藤をともなうことが多い。
しかし、その気づきによって人生は大きく好転する。
それに気づかない者もいる。
もったいない。
いつでも気づけるように、
感謝と素直な心で、心を開いておきたい。

133

ふたつの稽古

「今強くなる稽古と、
3年先に強くなるための稽古を
両方しなければいけません」
大横綱千代の富士の名言。
我々において「今強くなる稽古」とは何か？
我々において「3年先に強くなるための稽古」とは何か？
自分に必要なものが見えてくるように思う。

134

徳

人徳がある人は、
人間の心を明るくする人であり、
人の心を軽くする人である。

135

素を生きる

ありのままの自分で勝負。
20代前半、メッキを貼って生きていた時期があったが、
何も生まなかった。
人に良く見せようと虚勢を張って、何もしていない自分。
そして、自信も何もないスカスカの状態。
メッキには何の価値もない。メッキを捨てる。
他人からの承認から解放されたとき、人生が大きく変わり始める。
早く気づけてよかった。
ありのままの自分で勝負する。素を生きる。
素で通用する人間にならなアカン。自分で考え、人の3倍行動する。
ありのままで輝けるように。共に自己研鑽に努めよう。

136

魂が震える言葉

「私は何千年という未来にかかわる仕事をしています。
それに比べたら、出世とか成功なんて、
この身ひとつにかかわるだけの、
ほんのささいな出来事です。
死んだって、泣く価値もありません」（『覚悟の磨き方』より）
吉田松陰先生の言葉に魂が震える。

137

ふたつの目

一流は常に「最高の状態」と「最低の状態」を考える
ふたつの目をもっている。
だから予想する最低の状態であっても目標を達成させる。
普段から目標達成のために努力するという感覚はなく、
己のエンジンを大きくするための努力習慣をもつのである。
人間的成長のために研鑽し続けていると、器が拡張し波長が上がる。
器の拡張によりコントロールできる領域が大きくなり、
波長の変化によって引き寄せの力が増大する。
そして、すべてが自然の流れに沿って
うまくいっているように感じるのである。
何を見ようとしているか？　何を意識して生きているか？

138

運が良くなる

努力なくして運はつかめず、
感謝なくして運は続かない。
運は努力と感謝の積み重ね。
運とは本当に苦しい状況を乗り越えた者にしか来ないらしい。
そして、人には人生で3回しか本当に苦しい状況は訪れないらしい。
真正面から受け止める。
逆境や壁と感じる事象が目の前に起こったときはありがたい。
そう思い、自己研鑽の道の上にいると、とらえるとよい。
アメリカでは、運についての研究が進んでいるらしい。

そこでは運を良くする10項目が取り上げられている。

一、いつも明るく
二、いつも笑顔
三、挨拶をしっかりしなさい
四、小さな運を見逃さない
五、他人の幸運と同時に運を引き寄せる
六、悪口を言わない
七、自分の好きな人と会う
八、挫折や失敗に耐える
九、頑張って続ける
十、くよくよしない、楽観的に考える

今日も運が良いことに感謝して生きよう。

139

己の器

器の小さい成功者はいない、

器の大きい人は素直である。器の大きい人は自分が源に生きている。

器の大きい人は黄金律で生きている。器の大きい人は不機嫌を見せない。

器の大きい人はよく褒める､器の大きい人は損得駆け引きがいっさいない。

器の大きい人はすべてにおいて寛容である。

己の器以上の組織はもてない。

己の器以上の収入は得られない。

仮に単発的に器以上の収入を得てもお金に支配されてしまう。

器を大きくしたいと思い、強く意識して生きればよい。

人の目に見えないはずの器が見えるようになる。

人の成長は器の成長であると思う。

140

与える

人から500円もらう。
もらうとうれしいけれど、一時的なものですぐ忘れるらしい。
人に500円上げる。
あげた人は相手が喜んでくれる姿が残り、
長く幸福感が継続するらしい。
真の成功は、貢献や与える生き方の先にある。
インサイドアウト。
もっていないと与えることができない。
余裕がないと貢献する心も生まれない。
だからこそまず我々が物心両面の豊かさを手に入れ
満たされる必要がある。

141

約束

人との約束は大切に守るけれど、なぜか自分との約束についてはおろそかにする者が多い。人との約束を守るのは人に迷惑をかけられない、かけたくないという思考からだと思うけれど、ここに大きな落とし穴がある。

24時間、寝ているとき以外は自分のことを自分が一番よく見ている。能力、スキル云々の前に自分との約束の在り方のほうが本当は重要である。

特にプライベート。朝5時55分に起きる。鏡に向かってアファメーションする。夢リストを見返す。良かったことを日記に書く。毎日部屋を整理整頓してから家を出る。玄関の靴を揃える。うまくいっている人と話(電話)をする、何でもよい。

自分で決めたことを継続する。多くなくてもよい。小さなことでもよい。自分との約束を守るという生き方。できないときもあるだろう。それでよい。次またやる。そして継続する。

継続は力であり、継続は信頼である。

継続によって気づいたら習慣に落とし込まれる。そのとき、1枚ビリッと皮が破れる。自分を深く信頼できるようになる。「自信」が育つ。目が変わるし、オーラも空気も変わる。そして遅れの法則により、びっくりするくらい現象や状況も大きく変わる。

自分との約束を大切にして3年、5年、10年生きるか。
自分との約束をおろそかにして3年、5年、10年生きるか。
ものすごい差になる。

142

コツ

仕事は、本気でやって、やって、やって、やって、
やって、やって、やって、やって、
やっとコツがつかめる。

143

それで良い

人生の目的に出会ったり、
高い目標を定めたり、
視座が上がると、
現状とのギャップに焦るもの。
ときには自分を見失ったり、
イライラしたりすることがあるかもしれない。
その感情がまた良い。
そして、一時的な孤独感を感じたとき、
ステージが上がっていくサインであるように思う。

144

成長を追う

一、**成果を追う者**
成果が良いときは思考状態が良くなり、結果は良くなる。
成果が悪いときは思考状態も下がり、スランプに陥る。
つまり、成果には波がある。
点の仕事（人生）になる。思考状態が結果に左右される。

二、**成長を追う者**
プロセスの質にこだわり仕事が自己成長の場となる。

木を見て森を見て、木である今を本気で生きる。
目の前の出来事すべてに意味をもたせるために、
解釈力も良く、常に前向きで挑戦的である。
思考管理の質も良く
結果が「遅れの法則」によりついてくる。
毎日の研鑽により人間力が向上し、
影響力が上がる。
成長を追っていることでプロセスの質が上がり、
人間力の向上と比例して
さらに高い成長を創ることになる。

145

使命

60代後半の鉄鋼関連会社の社長と、
電気工事会社の会長と食事をした。
「人生は6割以上が運やわな。この歳になったらよくわかるわ」
松下幸之助さんも「運」の良い人を採用した。
重要な人事でも、生き方、在り方からくる「運」を大切にされた。
私は、「運」とは感謝を土台とした、
損得や駆け引きのいっさいない
まっすぐな心から生まれるように感じている。
「僕の1カ月は松村くんの10年と同じくらいの価値やから、

今を楽しんで一生懸命生きてんねん」
人生の先輩であるおふたりは、
冗談半分で笑いながらお話しされた。
私にはグッと心に突き刺さるものがあった。
松下幸之助さんは晩年、
「いっさいを投げ打っても若さ（時間）を手に入れたい」
と言っていたのは有名な話である。
このような言葉に触れるたび、心が燃える。
己の命、時間、心を燃やして
本気で生きなアカンと心から思う。

Column

巻き込み力と仲間愛 誠進堂のさらなる明日へ

誠進堂は現在、外壁塗装事業を主とする企業約2万社のうち、売上高全国6位につけている（2023年時点）。もちろん業界ナンバーワンを目標にしているが、勘違いしてほしくないのは、それが決してゴールではないということだ。「地域一番」「社員満足度日本一」も通過点にすぎない。さらにもっと上を目指し、「働く大人をひとりでも輝かせたい」という理念が達成できたあかつきには、1000億円企業になっているのではないかと思う。

私は解釈力がとてつもなく大事だと思っている。たとえば日本はとても恵まれているのに自殺者が多かったりする。カンボジアなどでは生活環境が日本に比べて整っていないのに、元気に笑顔で川の上に住んでいる。何をもって満足するか、人間の生き方は解釈力しだいだ。

会社組織というのは社員一人ひとりの集合体だから、その個々人の社員満足度を日本一にするにあたっては、感謝力からくる解釈力、「ありがたいな」「感謝だな」「うれしいな」と思える力を育てられる環境にしたいと思っている。日本一活気がある、日本一情熱的である、日本一笑える環境など、定量化できない面こそ大事にしたい。それを理解できる（解釈できる）メンバーが増え、お客様に喜ばれ、社会に貢献できて、ひいては日本の中小企業を元気に牽引することが理想である。

社員が増えれば増えるほど、私の悩みは尽きない。社員の悩みは私の悩みだから、私の脳みそはいつも忙しい。ありがたいのは、アチーブメントの学びでいう「パワーパートナー」である幹部やリーダーたちがそれらを共有している（自分の悩みとして受けとめる）から心強い。のちに日本の悩みが我々の悩みだと思えるようになれば、立派なものだと思っている。今はまだまだだけれど。

リーダーというのは、その背中を見せるスペシャリストだ。むろん能力もスキルも必要だが、それだけでは仲間を巻き込めない。人をグッと巻き込む牽引力と、仲間への深い愛情をもつ人が組織の上に立ってほしい。そうでないと社長は務まらないし、社長である私自身が常に率先して走らなければならない。私は自分という人間のことを誰よりも知っている。足りないところだらけだが、仲間愛だけはめっぽう強い。社員や仲間の前ではいつも素のままで格好をつけたりしてこなかったと思う。その自分よりも優秀なメンバーがどんどん育ってほしいと願っている。

私はアートが好きで、自宅に絵をいくつも飾っている。明るく、元気で愛嬌のある絵が特に好きで、そのひとつにアーティストの青山哲士さんにオーダーメイドで描いていただいた絵がある。タイトルは『感謝に生きる侍』。「これからの人生をこう生きたい」という私の決意を絵にしてもらい、気に入りすぎて名刺にも載せているほどだ。この本の装丁にもぜひ使いたくてお願いした。

全体は、架空の雑誌の表紙をイメージしている。世界的な米ニュース誌「TIME」をモチーフにした「TIMER」という雑誌の表紙を「感謝に生きる侍」の私が飾っている。SEISHINDOUの文字が入り、侍は刀の代わりに刷毛を持っている。自宅で飼っている亀も、「太陽みたいに元気を与えられる存在でありたい」という願いを込めた太陽も、さらにハート（心）も、好きなものすべてが絵に詰まっている。私の目指す人生を見事にイラスト化してくださった青山さんには感謝してもしきれない。

信じる力が強いというのも私の長所だろう。だから、仲間をとことん信頼している。弱点は、ホウレンソウ（報告・連絡・相談）が苦手なこと。家庭でも会社でもよく指摘されるので十分に認識している。これから改善すべき自身の課題である。私も、誠進堂もまだまだこれからである。会社の課題は、企業理念と行動指針、価値観を深く浸透させることだ。大切な仲間と共に感謝の心と遊び心をもって、さらに前へ突き進んでいく。

第八章

言葉・行動

書は古《いにしえ》なり、為《しわざ》は今なり

（本に書かれているのは昔のことで、実践は今の行為である）

――吉田松陰

146

スタート

今まで幾度も「今日から新たなスタート」と、
深く決断して一歩踏み出した。
何かが変わったわけでもない。
心が変わった。肚《はら》が座った。決断が決まった。
そうやって階段を一段ずつ上っているように思う。

147

熱量

ちょっと器用であったり、頭が良かったり、
ちょっと能力が高い者は
勘違いして「熱量」が乏しくなる。
口先ばかりで、うだつの上がらない人間になる。
例外なく、前向きに熱心に仕事に打ち込める者が大成する。
稲盛和夫氏はそうお話しされた。
よし！　我々は「日本一熱量のある」チームになろう！
情熱ここにあり！

148

言葉を変える

考え方が変われば行動が変わり、
行動が変われば結果が変わり、
その積み重ねで人生が変わる。
「考え方」の前に
「言葉」を変える必要がある。
話す言葉、口癖によって
思考は良くも悪くも変わる。

人は「無意識」に生きている。
だから、言葉を意識する。
言葉を大切にする。

言葉が変われば考え方が変わる。
考え方が変われば行動が変わる。
行動が変われば結果が変わる。
その積み重ねで人生が変わる。
「言葉」が変われば
人生が変わるのである。

149

やるかやらんか

達成力を上げるために、
目標設定にこだわり、計画にこだわり、
スタートダッシュにこだわり、
やるべきことを絞り、やらないことを決める。
そして思考が定まる。
師にコミットし、良いライバルをもち、
思考を高め、一点集中の力を使い、
やるべきことに集中し、実行力にこだわる。

どの山を見ている？
何を可能と思っている？
自分を過小評価したらアカン。
誰が決めた？
自分の価値を。
自分の可能性を。
可能性は無限大やで！
最低でも今の３万倍の可能性をもっている！
できるかできひんかじゃない。
やるかやらんか！
やるかやらんか！

150

志

あなたの志は何ですか？
あなたの志は何ですか？
あなたの志は何ですか？
吉田松陰先生は塾生にそう問い続けた。
この命どう使うか。
今一度、魂を燃やし、
誠の想いで今を本気で生きよう。

151

心の引き出し

準備した言葉や、
うまく話そうとしたり、きれいな言葉を並べたり、
良い話をしようとしても伝わらない。
心で強く想っている「本音」だけがまっすぐに伝わる。
だから、挑戦や逆境から逃げたらあかん、
避けたらあかん、止まったらあかん、前進しなあかん。
そして心で感じる。
「もっと素直になれますように」
「もっと感謝ができますように」「もっと努力できますように」
たくさんの良い本音を心の引き出しにしまっておけるように己を磨き、
仲間と共に挑戦の人生を歩み続けたいと思う。

152

黄金律《おうごんりつ》

黄金律は成功において必要不可欠な考え方である。
「他人《ひと》にしてほしいと思うことを、
まず自分が他人に対してする」
駆け引きや損得をいっさい捨て、
自分が先手でするという考え方。
黄金律は成功の源泉である。
黄金律は成功の連鎖を生む源泉である。
黄金律は成功において必要不可欠な考え方である。

私は20歳のときにこの黄金律に出会ってから、
あらゆる面でこの考え方を軸に判断してきたつもりである。

後輩（部下）の立場だったときは「どのような後輩（部下）であれば、上司は助かる（喜ぶ）だろうか」と考え、自分が考える最高の後輩（部下）になろうとした。

先輩（上司）になったとき、「どのような先輩（上司）であれば、憧れ、尊敬し、学びたい、ついていきたいと思うだろうか」と考えた。

お客様と接するときもそう。職人さんとの関係もそう。仲間との関わりもそう。プライベートでもそう。お客としてお店に入るときもそう。

そして、ひとりでいるときこそ強く意識した。

弱い自分に打ち勝つために。

世界が変わる。黄金律の実践で景色が変わる。

自分が源であり、成功が、自分のコントロール領域の中にあることを体感することになる。

153

非凡さ

成功は少数派。
普通、平凡、ほどほど、そこそこ、
並みの頑張りで
簡単にうまくいくと思ったら甘すぎる。
桁外れの非凡な努力をした者だけが、
その継続によってボーダーを超えた者だけが、
いとも簡単にうまくいき続けるのである。

154

何を考えどう行動するか

良いことを考え良い行動をすると、
良い心が育ち徳（運）が上がる。
ズルいことを考えズルい行動をすると、
ズルい心が形成される。
怠けることを考え怠けた行動をすると、
怠け者になってしまう。
在り方とは心であり、
行動こそが真実である。
すべてが見える。

155

口癖

話す言葉と耳にする言葉によって人生が変わる。
人生を本当に良くしたいなら
ネガティブな自分を丸ごと受け入れ
ネガティブを排除する。
そしてポジティブな人とつるみ（つるみの法則）、
プラスを吸収し、
ポジティブな言葉を意識して使う。
最初は意識して意識して、
意識してポジ発言を。
そしてネガな言葉を使っている自分に気づき、

また意識して、ポジ発言を。その繰り返し。
最低でも3カ月、意識の継続を徹底していると、
ふとどこかで無意識の領域に落ちる。
そのときには脳がポジ（快）の状態になっている
時間が格段に増えている。
そして、可能思考が拡張し、
積極的かつ前向きなアクションにつながる。
頭と身体がスーッと軽くなる。
口癖により前向きな思考が定着し、
積極的かつ前向きなアクションによって結果が変わる。
これが、思考管理と行動管理により
人生を好転させるということである。
誰でもできる。

156

泥くさく

キレイにやる必要はない。
うまくやる必要なんていっさいない。
泥んこになって、
傷だらけになって、
それがなんともいえない深みや魅力に変わる。
人間力はそこにあると思う。

157

知《チ》覚《カク》動《ドウ》考《コウ》

知って、覚えたら、動いて、考える。
「知覚動考」は「ともかく動こう！」と読み覚えたらよい。
とにかく「動いて」から考える。
これが成功の秘訣。
「実行力」にこだわりをもつことが
成功には必要不可欠。
注意が必要なのは「知覚考動」にならないこと。
考えて、考えて、考えて、
頭ばっかり大きくなって動けなくなる。
これでは実行力不全に陥り前に進めない。
合言葉は、知覚動考《トモカクウゴコウ》。迷ったらゴー！

158

未来記憶

人は3つの記憶に生きている。
一、過去記憶……かつての経験、体験
二、現在記憶……現在、有事
三、未来記憶……夢、目標、願望、志
人には記憶の箱があり、容量が決まっているという。それは3日分。過去記憶が多く、現在記憶や未来記憶が少ない人もいれば、現在記憶が多く、他のふたつの記憶が少ない人もいる。

「過去記憶」に生きている人は、過去の経験で判断基準を定める。過去にうまくいったことを判断軸に生きる。うまくいかなかったことは無意識に避けて通る。それゆえ挑戦しなくなる特徴がある。そんな人には、過去の状態とさほど変わりのない未来が待っている。

「現在記憶」に生きている人は、有事に振り回されてしまう傾向がある。過去も未来も考える余裕がない。常に忙しさに振り回される。

成功者は「未来記憶」に生きている。未来の自分を想像する時間を大切にし、常にワクワクしている。その状態があらゆる良い出来事を引き寄せる。自分と向き合い、夢や目標、願望をイメージする。すでに叶ったかのように。すると記憶の箱が「未来記憶」でいっぱいになり、内からエネルギーがあふれ、波動も高くなる。そして、未来に向かって歩きだす。

しかし、記憶の箱の容量は3日分。今日が終わると、今日という日は過去に変わる。「未来記憶」の時間をとらずに1日を終えると、過去記憶が増える。3日続くと、箱は過去記憶でいっぱいになり、ワクワクしていた自分をまったく思い出せなくなる。これが3日坊主である。だから「未来記憶」と向き合う時間を大切にしてほしい、最低でも3日に1回は自分と向き合い、「未来記憶」をつくる時間をもてばよい。それは人の心を躍らせ、未来に大きな差を生むものだから。

159

内言語

内言語には強烈な力がある
内言語とは言葉にしていない腹の底にある言葉である。
前向きな内言語をもってほしい。
そして、その内言語と言語が一致した生き方をすると、
どんどん景色が変わり始める。
だから、夢を語ろう！
すでに叶うことが約束されているかの如く夢を語ろう！
叶うことを前提に夢を語ろう！
成し遂げることを当然として夢を語ろう！
その実践が「思考は現実化する」を体感する入口であると考える。

160

身体と心は連動している

スキップしながらネガティブにはなれない。
心拍数を上げると、
細胞にスイッチが入り
良い緊張感をもてる。
口角を上げると記憶力が上がる。
笑顔でいると良いことがたくさんある！
どうせやるなら！
思いっきり本気で楽しく仕事をして、
人生を輝かせよう！

161

好きな言葉

「人間のもっとも美しい心は向上心である」
（お釈迦様の言葉、『覚悟の磨き方』より）

「自分の中に眠り、まだ日の目を見ない人望と才能。
それを引き出してくれるのは、
ほぼ例外なく自分の仲間になる人か、
自分の師匠に当たる人物です。
だからこそ品格が高い人ほど、
『誰と付き合うか』をいつも真剣に考え、
厳しく選んでいるんです」
（吉田松陰の言葉、『覚悟の磨き方』より）

「一度でもあきらめてしまうと、それが癖になる。
絶対にあきめるな！　成功のカギは失敗にある」
（元プロバスケットボール選手マイケル・ジョーダンの言葉）

「魂は老けない！　情熱は枯れない！」
（日本サッカー界のレジェンド、三浦知良選手の言葉）

「迷ったら前へ！　苦しかったら前へ！
つらかったら前へ！
後悔するのはそのあと、ずっとあとでよい」
（闘将、星野仙一監督の言葉）

162

エンジン

軽自動車で時速100キロを出すにはアクセルをグッと踏み込む。

スーパーカーはアクセルを少し踏むくらいで時速100キロが出る。

限界突破の精神で挑戦し続けるということは、軽自動車でアクセル全開、時速100キロで走り続けようということではない。

いずれエンジンが焼けてしまう。

限界突破の精神で挑戦し、壁や逆境に出会い、それを突破する。

その繰り返しによって、己のエンジンが大きくなるのである。

その先に、自分では努力しているつもりもないのに、
何ら特別なことではないのに、まわりからスゴイ、
努力しているとか言われるようになるかもしれない。

平常運転で100キロ以上のスピードが簡単に出てしまっているのである。

163

ゴールテープ

残り30分、残り15分、残り5分、残り1分、
ここをやり切る。走り切る。
勝つも勝たんも、それを決めるのは、
当たり前のことを誰もできひんくらい
徹底的に魂込めてやるだけやねん！
ゴールテープを全力で駆け抜けよう！

あとがき

最後まで読んでいただき、ありがとうございます。

ひとつの終わりは、新たな始まりでもある。「社長の言 －ＫＯＴＯＢＡ－」はこれからも続けていくつもりだ。世の中には長年の研究の集大成、波乱万丈の人生の集大成とされる本もあれば、この本のように歩き始めたばかりのものもある。だが、どの言葉も、常に全力投球をしてきた私の本気の軌跡である。

その時々の思いを言葉にしてきたので、刊行にあたって、あらためて読んでみると、「よしよし良いぞ」と思うものと、「何を言っているのかわからんな」と反省するものもあった。そのときは最善と思い、「この言葉よ、届け！」と書いていたが、私は考えることがコロコロ変わる人間だから、自分は今もなお発展途上だと前向きにとらえて（笑）、現在進行形のまま本書をまとめることにした。

すべての言葉を読み返してたどり着いた感慨は、私だけの力ではとてもここまで来ることはできなかったということである。メンバーの一人ひとりに、仲間でいてくれること、私を信じてついてきてくれたことに心からの感謝を伝えたい。この想いを口にすると涙が出てくる。私自身はあらゆる面でまだまだ道半ば、もっともっと自己研鑽を重ねなければならないと自覚している。

個人的な成長はもちろん、誠進堂と業界の成長のために邁進し、さらに中小企業を牽引する、日本に良い影響を与えられるチームになりたいと思う。本書が、今のメンバーたち、そして、これから出会うであろう新しい仲間が心をひとつにする礎《いしずえ》となってくれれば、と強く願っている。

この出版に際して次の方々に感謝を述べたい。何よりもアチーブメント株式会社の青木仁志代表取締役会長兼社長との出会いがなければ本書は生まれなかった。初の書籍に貴重なアドバイスをいただいた同社の森本和樹マネージャー、編集・構成のサポートをしてくださった石井健次さんにも心からお礼を申し上げたい。

私がアチーブメントの講座を初めて受講したのは2017年だ。当時の私は、会社を大きくすること、成果を上げることを強力に推し進めるのは私自身のエゴであり、周囲に負荷をかけてしまうかもしれないと危惧していた。だから自分の中でブレーキをかけ、仲間たちにもなかなか本音を話せずにいた。本音を話したら、みんなが離れていってしまうのではないかという恐れもあった。そのことを講座で気づかされ、受講後に自分の悩みを正直に打ち明けると、メンバーから「もっと私たちを頼ってほしい」という返事が返ってきた。そのとき、心に誓った。偽らない等身大の自分のままで、大切な仲間たちを信じ、共に働けることを喜び、一緒に成長していこうと。

私が安心して仕事に夢中になれるように、家族を支えてくれている妻にも感謝したい。どんなに苦しいときでも「やるぞ」と勇気とパワーがあふれ出てくるのは4人の息子たちのおかげだ。大人が輝くと子どもが輝き、子どもたちが輝いていると日本の未来に希望がもてる。そんな社会づくりを担うのは、私たちであることを胸に刻もう。

あらためて、お客様にも謝意を伝えたい。私たちが笑顔で仕事ができるのはお客様の存在あってこそ。心よりお礼を申し上げます。

最後にもう一度。私と共に歩んでくれるメンバー一人ひとりにエールと感謝を。みんな、本当にありがとう。

松村洋平

まつむら・ようへい

株式会社誠進堂 代表取締役社長

1985年、京都生まれ。関西大学経済学部卒業。塗装業界でキャリアをスタートし、2015年に社員2名で誠進堂を設立。誠進堂の屋号は、1960年に創業された祖父母の製本会社の3代目として受け継いだもので「誠の道を進む」の意。2018年に法人化する。設立5年で売上高20億円を超え、8期目は売上高30億円超の見込み。2030年には売上高100億円企業を目指す。滋賀に本社を構え、関西・東海エリアに9つの支店を擁する。社員満足度No.1、顧客満足度No.1を掲げ、地域社会に貢献し、「日本を元気にする会社」が最終ゴール。モットーは「活気はすべてを好転させる」。活気こそ輝く仕事、物心共に豊かな人生の源だと考えている。

株式会社誠進堂
https://seishindo35.com

アチーブメント出版

[X（旧twitter）]
@achibook

[Instagram]
achievementpublishing

[facebook]
https://www.facebook.com/achibook

より良い本づくりのために、
ご意見・ご感想を募集しています。

社長の言 -KOTOBA- しゃちょうのことば

2025年（令和7年）1月11日　第1刷発行

著　者　松村洋平

発行者　塚本晴久

発行所　アチーブメント出版株式会社
〒141-0031 東京都品川区西五反田2-19-2 荒久ビル4F
TEL 03-5719-5503／FAX 03-5719-5513
https://www.achibook.co.jp

装丁・本文デザイン　亀井文（北路社）
装画　青山哲士『感謝に生きる侍』
編集協力　石井健次
校正　有限会社ディー・クリエイト
印刷・製本　株式会社光邦

ISBN978-4-86643-156-7